老年人心理服务与关怀

老年人心理工作怎么做？

韦志中◎著

西苑出版社
XIYUAN PUBLISHING HOUSE
·北京·

图书在版编目（CIP）数据

老年人心理服务与关怀：老年人心理工作怎么做？/
韦志中著. -- 北京：西苑出版社，2021.4
ISBN 978-7-5151-0784-4

Ⅰ. ①老… Ⅱ. ①韦… Ⅲ. ①老年人一心理保健
Ⅳ. ① B844.4 ② R161.7
中国版本图书馆 CIP 数据核字 (2021) 第 047460 号

老年人心理服务与关怀：老年人心理工作怎么做？

LAONIANREN XINLI FUWU YU GUANHUAI: LAONIANREN XINLI GONGZUO ZENMEZUO?

责任编辑　汪昊宇　刘　崴
封面设计　张合涛
出版发行　西苑出版社 XIYUAN PUBLISHING HOUSE
地　　址　北京市朝阳区和平街 11 区 37 号楼 邮政编码：100013
电　　话　010-88636419
印　　刷　天津旭非印刷有限公司
开　　本　880mm×1230mm　1/32
字　　数　113 千字
印　　张　7.5
版　　次　2021 年 4 月第 1 版
印　　次　2021 年 4 月第 1 次印刷
书　　号　ISBN 978-7-5151-0784-4
定　　价　49.80 元

前　　言

人和人的不同点在哪里？大家智商都差不多，勤奋程度也差不多，不同点可能就是服务和奉献的精神。有的人会愿意为他人做一些事情，在帮助他人的过程中，自己也受益匪浅。很多人都是在小事上默默奉献的人，把一件小事做到极致，那就是优秀。看到那些优秀的人，我们会很羡慕，可是很多时候我们仅仅是羡慕而已，并没有像他们一样付出行动，去进行服务工作。本书的主题就是服务——老年人心理服务，服务就是要做事，就是要做需要的事。

为老年人服务，首先需要明白老龄化社会的现状，知道为何要对老年人进行服务，即服务老年人的重要性；其次需要了解老年人的心理，即老年人目前是一个什么样的身心状况；再次熟悉如何进行老年人服务，具体的服务技术是什么，如何建立起一套老年人心理服务模式；最后再了解临终关怀和死亡教育。这四个方面是这本书的核心内容所在。

在我看来，“怎么做”才是心理学造福社会大众的出路。我认为用心理学服务大众，关键还是在应用上。如果心理学不能解决人们生活和工作中的问题，可能就会被大众很自然地归为“无用”的学科，这对心理学的普及和发展是非常不利的。因此，本书第三章的老年人心理服务技术，我花了大量的篇幅来书写，希望对各位读者有所帮助。

研究“是什么”和“为什么”的学者有应用型学者不能比的厉害之处。比如说一个理论心理学家，他研究老年人心理，这是一门学问，他要弄清楚很多问题，才能把自己的理论很好地推广出去。站在理论型学者的角度看，理论就是最重要的，理论有了，才能更好地指导实践。研究型学者要研究老年人身体机能衰退后心理的变化，也要下很大功夫，不仅要做访谈、发问卷，还要走进田野进行观察，甚至要连续好几年做追踪调查。所以，研究“是什么”和“为什么”也是心理学很重要的一环。

“怎么办”是提供解决方案，是奔着要解决问题去的。“是什么”“为什么”“怎么办”这三者是相互促进、不能分割的。如果我们只重视其中的一环或两环，心理学的社会服务功能就会大打折扣。因此本书的读者，需要重视这三部分内容，知其一，知其二，也能知其三。

最后，祝大家都能老有所为。祝我们家里的老年人健康长寿。祝我们的人生能够平安喜乐，让我们在喜乐的过程中一路走下去，也做一个快乐的老年人。

目　录

第三章　老年人心理服务技术

第四章　临终关怀与死亡教育

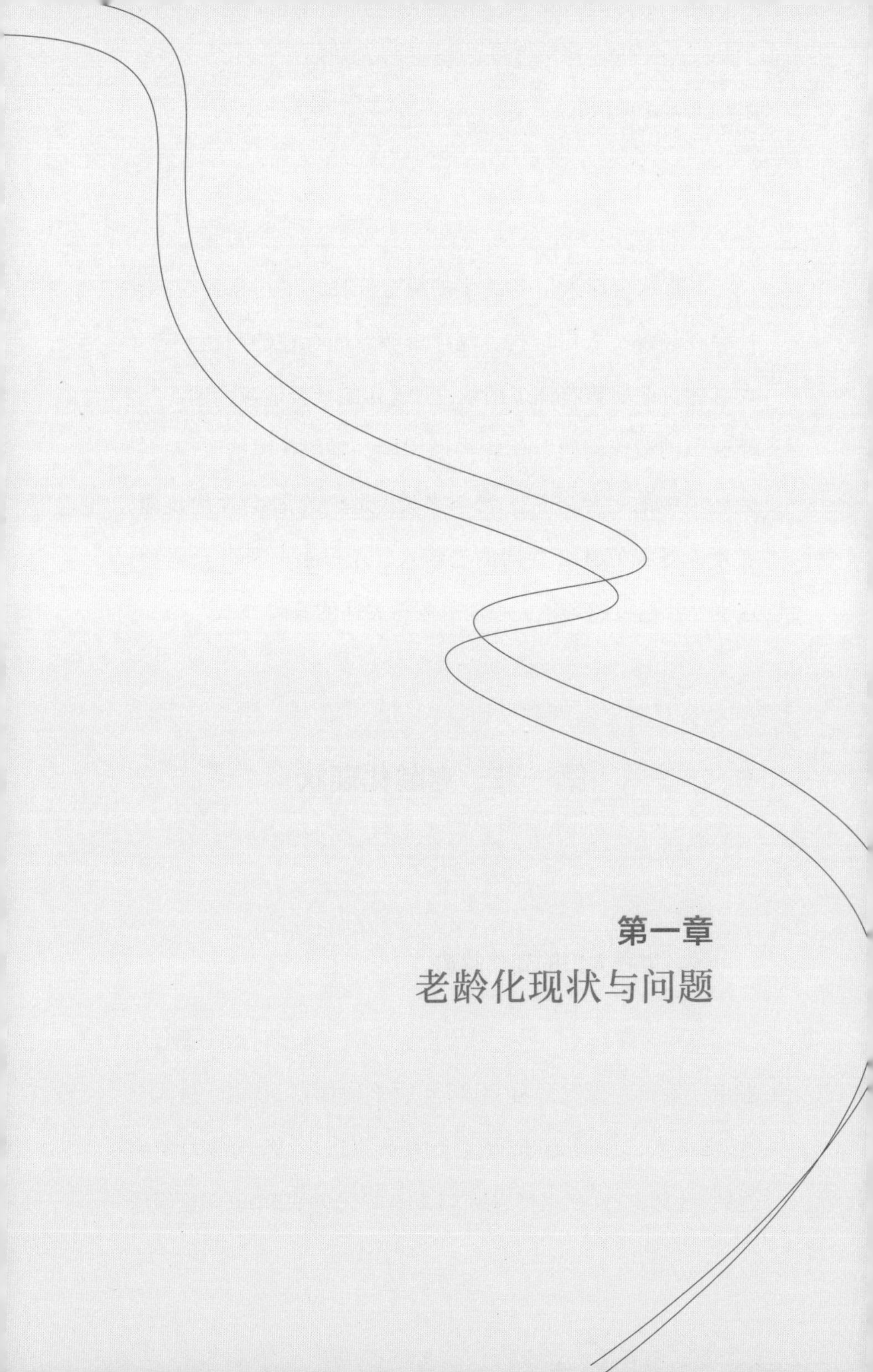

第一章

老龄化现状与问题

本章从全球人口老龄化的趋势开始，讲述当前老龄化社会在经济、人口结构、医疗资源方面存在的问题。老年人群体目前面临着许多困境：离退休的社会适应问题、“老漂族”的适应问题、代际沟通困境、婚姻状况的改变、社会环境中的老年歧视。老年人议题是一个社会性的议题，老年人是我们社会共同的老年人，孝顺是一种社会需要，这也是我们重视老年人心理服务与关怀的原因。

第一节　老龄化现状

一、世界人口的变化趋势

联合国曾在《世界人口展望》（2017 年修订版）报告中指出，世界人口数量自 2005 年以来增加了 10 亿，总人口达 76 亿人，预计 2030 年世界人口将达 86 亿，2050 年将达到 98 亿，2100 年将达到 112 亿。不过人口增长幅度报告在 2019 年的《世界人口展望》中已出现减缓的趋势。

2019 年的《世界人口展望》指出，2019 年世界人口是 77 亿，2030 年世界人口预计增至 85 亿，2050 年将达到 97 亿，比 2017 年的人口预测报告分别降低了 1 亿，且 2100 年的预测人口为 110 亿，也比 2017 年的预测降低了 2 亿人。通过这些数据对比，我们可以很明显地看出人口增速已明显放缓。

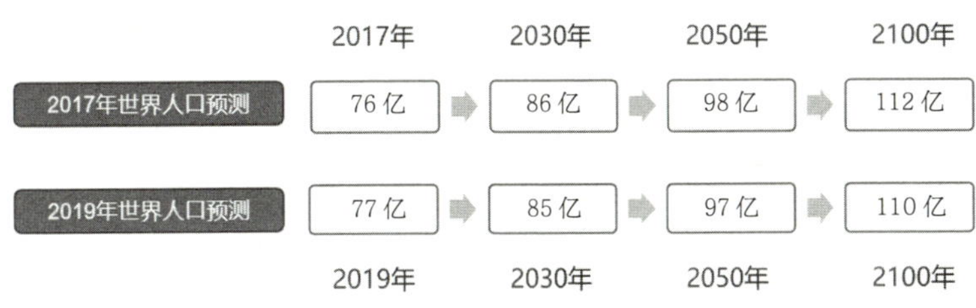

2017 年与 2019 年《世界人口展望》对比图

人口增速放缓也反映了生育率的降低。非洲是世界上生育率最高的地区，但即便是非洲，生育率也已从 2000 年至 2005 年的 5.1 降低到 2010 年至 2015 年的 4.7。2019 年的《世界人口展望》报告也指出，全球生育率已从 1990 年的 3.2 降至 2019 年的 2.5，预测 2050 年生育率将下降为 2.2。较低的生育率导致世界人口老龄化的趋势更加明显。

老龄人口已明显增加。2019 年，世界人口超过 65 岁者已占总人口的 9%，而到 2050 年，这一比例将达到 16%，届时欧洲和北美地区 65 岁以上人口数量将占其总人口的四分之一，这是世界人口老龄化最直观的表现。

另外，2018 年，世界上 65 岁以上者的人数已超过 5 岁以下的儿童数量，预测到 2050 年，65 岁以上的人口数量将是 5 岁以下儿童数量的 2 倍，并且也将超过 15 ~ 24 岁的青少年。

二、主要国家的人口老龄化现状

当一个国家或地区 60 岁以上人口所占比例达到或超过总人口数的 10%，或者 65 岁以上人口达到或超过总人口数的 7% 时，其人口即被称为“老年型人口”，这样的社会被称为“老龄社会”。

日本是人口老龄化最严重的国家。1970 年日本进入老龄化时代，2017 年日本 65 岁以上人口数已达到总人口数的 27.7%。由于老龄化严重，在日本，很多 60 岁以上的老年人还在工作是非常常见的现象，白发苍苍的老年人和年轻人一起上班。

日本老龄化为何如此严重？从根本上来说，主要有两个原因：低出生率和低死亡率。生育率下降，会降低年轻人口的比重，使日本老年人口的比例相应增大。另外，随着卫生系统的改善，平均寿命的延长也导致了老龄化程度加深。根据日本的统计数据，2019年男性平均寿命为81.41岁，女性的平均寿命为87.45岁。

俄罗斯在20世纪60年代中期进入老龄化社会，而且人口老龄化的程度也在逐步加深。官方报告显示，2019年年初，俄罗斯60岁以上人口数占国家总人口数的21.8%。作为发达国家的美国，比俄罗斯更早进入老龄化社会。美国在1950年就已步入老龄化社会，到2019年，年龄超过65岁的人口数已达到总人口数的15%。

我国的人口老龄化也不容小觑。我国在2000年进入老龄化社会，国家统计局发布的资料显示，截至2018年年末，我国60岁以上人口数占总人口数的比重为17.9%，约为2.5亿人，其中65岁以上者达1.67亿，占总人口数的11.9%。据世界卫生组织预测，到2050年，中国将有35%的人口超过 60 岁，成为老龄化最严重的国家之一。

人口老龄化问题是 21 世纪全球面临的重大问题。伴随着老龄化的加重，劳动人口将会减少，在劳动力、市场经济发展、财政收入、老年看护、养老金等各个方面都给国家带来挑战与压力。

第二节　老龄化带来的挑战与机遇

在《中国老龄事业的发展》白皮书上，第一点就提到老年人劳动力下降、社会赡养比例大、财政压力大以及对社会发展产生的影响，讲述客观现实和背后的压力。而实际上，老龄化社会的到来也带来很大的机遇，我们不能只把现状当成一个问题对待。比如说，这是一个加强社会关爱的、提升社会幸福感的好机会，我们能为老年人创造一个可以被友善对待的环境。

一、经济方面

对政府来说，老年人口数量的增加，对养老金、退休金、医疗保障的需求会扩大，连带着老年退休金、养老金、医疗支出、老年福利设施、老年服务等支出上升。国家支出上升，意味着政府消费基金的增加，对企业来说也是一种压力，因为企业要负担一部分退休金。

从积极的层面看待支出问题，这促进了银发产业[①]的发展，包括养老设施、老年护理服务业、老年食品、老年房地产、老年储蓄投资理财产品等，增加了许多就业机会和经济成果。这实际上也是社会的更新换代，是社会的创新。例如，老年人护理用品的需求非常大，因为许多老年人会面临身体衰退带来的大小便失禁问题。此外，为了给老年人创造良好的生活环境，养老机构消毒、卫生清洁类的用品需求也很大。

老年人是特殊生活用品、住房、医疗保健服务等的主要消费者。生活水平快速提高的现代社会，老年人在物质满足的前提下，也会追求心理、精神上的满足，因此消费结构上已经发生了变化。例如，刚刚退休不久、处于老年早期的老年人，会想要喝早茶、朋友聚会，或者出门休闲旅游。人口老龄化的确催生了“银发经济”，促进了产业结构升级。未来庞大的老年群体将成为日益增长的潜在消费市场，为银发产业的发展与创新提供广阔的市场空间。

---

① 银发产业指以老年人为目标客户的产业。

我曾经跟一家旅行社联系过，建议对老年人开展“心旅伴”心理旅游服务。如果说成立一家老年人夕阳红旅行社，专门为老年人提供旅游、心理、精神、休闲服务，那么随着老年人群的增多，这个团的人数会增长很快。但现在很多老年人旅行团在前面带队的都是年轻人，配套设施与服务都是按照年轻人的思维在做。这个部分如果能改善，可以创造出很多的变化。

二、人口结构方面

老龄化在人口结构方面的影响，此处主要探讨年龄结构和城乡结构。

老龄化加重会降低国家整体劳动力的质量。虽说老年人可能在工作经验方面比年轻人有优势，但在体力、精力、创造力和适应能力方面，在对新知识、新技术和新工艺的接受及掌控方面，可能都不如年轻人。科技是第一生产力，人才是核心竞争力。劳动力质量的降低，会对国家的经济发展产生不利的影响。

如果出生率提高，医院、学校、儿童商店、餐饮服务业等的就业机会就会大大增加，就业机会增加，各方面的生产也会加快速度，经济很快就能发展起来。我们国家已经意识到了人口老龄化的严重性，所以逐步开始推行“二孩”政策。

老龄化带来的劳动力质量问题，在城乡之间也表现出差异。中国近60%的老年人口分布在农村。大家可能觉得与城市的老年人相比，农村老年人工作更难，他们的思想观念和经济条件更落后，但实际情况却相反。

离退休所表现的社会老化是重要的老化信号，老年人退休，会有一个从不适应到适应、从不接受到接受的过程。和城市相比，由于农村没有退休制度，所以农村老年人不会经历离退休阶段的过渡期，没有被制度分割的人生断层，他们是自然过渡的，一般不会有心理上的不适应。一个农村老年人到了60岁，他还是有一种自己是社会人的感觉，还能继续种地，是一个独立个体。但是在城市里，退休的老年人会觉得自己已经不是一个完整的社会人了，好像只能带孙子、旅游、和朋友聚会等。

农村的自然环境和社会环境一般也比城市更好，高楼少，公共空间大，亲戚朋友分散度不高，人与人之间来往密切。在养老制度、医疗制度市场平等的情况下，农村的老年人反而可能发挥出比城市老年人更好的社会效用。

三、医疗保障方面

老年人是使用医疗卫生资源的主要群体，老年人人均费用支出是在职人员的 3 ～ 5 倍。2000 年，我国老年人口医疗费用占 GDP 总额的 0.48%，预计 2020 年达到 3.6%，同期的老年人口将增加一倍，医疗费用将增长 5 倍。2030 年老年人口医疗费用将占 GDP 的 8 ～ 9%，老年人口费用支出的增长速度将明显快于 GDP 的增长速度。

老年人长期照料服务，是人口老龄化过程中解决起来难度最大的一个严重的社会问题。老年人照料的专业人才数量远少于需要被照顾的老年人数量，这有点类似于心理问题人群的增长速度超过了专业人士的增长速度。如果能够培养更多的专业人才，改善老年人的饮食结构、生活状态，就会降低老年人疾病发生的概率，也会让老年人整体的医疗开销下降。

据推算，2020 年我国生活不能自理的老年人口数量将超过20万人，2050年将达到38万人。长期照料服务面向生活不能自理的老年人，为其提供生活照料、康复护理、精神慰藉。一个生活不能自理的老年人，可能牵一发动全身，他过得不好，会降低许多和他直接相关的人的幸福指数。

目前，我国各类老年人服务机构能够提供的床位较少，其中长期照料服务的床位更是少之又少。此外，长期照料服务专业性较强，涉及医疗、康复、护理、心理、临终关怀以及管理等多个学科，仅靠家庭和政府已解决不了这些问题，因此，要加大力度发展长期照顾服务机构，探索服务模式。

目前，无论是长期照料、喘息服务还是临终关怀，都遭遇了服务体系残缺、养老设施不足和护理人力匮乏的多重挑战。例如，养老机构面临“护工荒”的问题。护工需要体力和专业知识，对人才要求高，但同时工资待遇又偏低。做这份工作的人年纪普遍偏大，人员流动率高，影响服务品质。这方面的探索空间很大。认知水平的提高、服务模式和技术的探索，会促使人们进入这个行业，因为有市场需求就会有人去做。我们作为心理服务工作者，更关心的是专业人才的成长。

第三节　老年群体面临的问题

一、离退休老人的社会适应问题

人在进入老年阶段时，会经历社会角色的转变和社会功能的退化，原本的生活模式也跟着发生变化。离退休后，老年人没有了工作，退休金没有原来工作时的收入高，人际交往范围变得狭窄。由于社会角色的变化，离退休老年人的生活内容、社会地位、人际交往等方面都会发生相应的变化，原本忙碌的工作生活可能被无所事事取代。

因此，老年人可能会出现“离退休综合征”，表现出孤独、失落、抑郁和烦躁等负面情绪，有的伴有食欲不佳、睡眠不宁和容易疲劳等身体不适状况。离退休是一个非正常时期，它是一个阶段，人在这个阶段的状态变化会导致心理失衡。

离退休后，老年人原本性格层面的问题也可能恶化。例如，有的老年人本来性格就比较偏激、孤僻，因为年轻时他要去上班，不得不接触社会活动，所以表现得不是那么明显，当年老后，他的社交范围变小，性格极端的一面则会被激发和放大。

二、“老漂族”：老年人的适应不良问题

老年人可能会面临家庭结构的变化。一种情况是，子女成家之后在外工作，老年人独守在家中，变成城市或农村的空巢老人。另外一种情况则是，子女去了外地工作，老年人也跟着子女去了他们所在的城市，需要重新适应新的环境。

流动老年人健康服务专题调查数据（2016）显示，流动老年人占流动人口总量的 7.2%，其中为了照顾晚辈而选择流动的老年人的比重则高达 43%。这些老年人被称为“老漂族”，是指为支持儿女事业、照顾第三代而背井离乡，来到子女工作的大城市的老年人。

许多老漂族都会出现城市适应不良问题，这已成为普遍的结构性困境。适应不良是一个人所处的环境改变，他的心

理不能与环境同步，不能同为一体融合在一起。那些从农村来到城市的老年人，也一样经历着适应不良的困境。

“社会适应”是一个纵向的过程概念，是指老漂族通过调整其行为模式、价值观念、生活方式以及心理状态，在城市生活中积极再社会化的过程。他们的适应困境，更多体现在社会和心理这两个层面。人们害怕离开故土，因为这意味着离开一个原本可以掌控、熟悉的环境，这里环境的内涵包括自然环境、社会环境、文化环境、心理环境。新的适应还未形成，人就处在一种情感无着落的阶段，这个时期容易出现适应问题。

1. 生理适应问题

老年人需要面对生理适应的问题。过去为应对水土不服，如文成公主前往吐蕃和亲时，要给她配备很多私人物品，还有她的佣人，去了以后还要为她建造行宫，不然文成公主很快就会因为适应不了新的环境而出现各种问题。

按照这个规律，老年人从乡下搬进城市，也需要解决他们的适应问题，要让他们与新的环境融为一体。老漂族之所以难以快速适应城市的气候和环境，主要是因为他们早就已经习惯了农村的气候和环境，特别是身体状况已经与农村老家的气候和环境融为一体。

进入陌生的城市，尤其是与家乡远隔千里的异乡之后，不仅气候变了，而且环境也变了，面对新的气候和环境，身体仍然按照原来的方式进行应对，可能会导致应对失败。

例如，广东有夏无冬，但人在冬天需要储藏和进补，所以广东人的四季相当于三季，要在三季里去找回人在冬天的储藏功能，就需要进补煲汤，进补时如果不能协调则会上火，因此还需要有凉茶。广东人的饮食结构是这样形成的。

如果一个北方的老年人来到在南方打工的子女家，那么他的生理、环境、饮食结构可能都需要发生根本性的变化。到了冬天时，他的身体会进入一个储藏、调整、休养生息的阶段。一旦没有掌握人的身体规律，没有注意到老年人在不同环境的生理适应问题，北方的老漂族来到南方则很容易生病。

2. 社会与心理适应问题

除了生理适应问题，老漂族更大的困境是社会与心理适应问题。对于人口数量这样庞大的老漂族的心理关怀与社会适应问题，这一代的年轻人可以做很多事。

一位学员分享，她老公的妈妈来帮他们夫妻带孩子，因为他们不放心老年人一个人在家，所以带来身边一起住。在这边，老太太比较听年轻人的话，但是一旦过年回到老太太自己家，就完全变了一个样子，大家都要听她的，跟在子女家的表现完全不一样。

究其原因，或许是老年人在子女的面前本是“权威”的象征，但是当他们来到子女家后，子女才是小家庭的主人，于是原本老年人的“权威感”便会被瓦解，有些老年人会因此在心理上产生“寄人篱下”的不适应感。

这位学员的妈妈每年腊月二十五就会着急回家，担心家里卫生没人弄，年菜没人做。她以前是妇联主任，管理能力很强，回家之后会给大家安排分工，很快把事情都做完。以前她还在院子里面种菜，因为她人际关系好，会有人主动来帮她打理。逢年过节会有很多人来他们家里，整个家族的人也都很敬重她。

乡土社会是生于斯、长于斯、死于斯的，这使得老年人对自己的故乡有一种“根”的意识，所以，这位奶奶在老家会有掌控感和归属感，因为那里是她自己的“地盘”。她的心理需求得到满足，就会活得很开心。现在她在子女家的小区带领其他老太太跳舞，担任领队，团队越做越大。她有自己喜欢做的事情，而且坚持锻炼，没有像其他老年人那样身体不好。尽管她已经比许多老太太厉害了，但她还是有一点不开心，因为她在这里没有在自己家里那种强烈的掌控感。就像把一棵树挪到另一个地方去，它要适应土壤，人到另一个地方也要重新适应环境。

另一位学员分享，一个老奶奶来帮儿子带孙女，有一天突然跟儿媳妇说孙女被人贩子拐跑了，后来调查发现，这个老奶奶带着孙女在社区公园玩耍，但又独自一人回到了家。她可能有点精神恍惚，这源自对环境的不熟悉。长年累月见不到儿子儿媳，又没有人和她说话，生理和社会功能各方面衰退，导致她无意识之间做出丢下孩子的行为。

老年人在农村时熟悉环境，知道去哪里买菜，还可以上各家各户串门聊天。由于城乡生活方式截然不同，老年人从乡村来到城市，行为方式、交往方式自然而然发生变化。但老漂族生活的重心就是子女、孙辈和有限的较熟悉的人，很少与城市居民互动。没有情感的交流使得他们社会交往的范围狭窄、交往的程度相对较浅，而现在的年轻人一大早出门上班，中午不回家，晚上也有应酬或加班，就把孩子丢给老年人照顾。于是老年人只能独自煮饭给自己吃，自己照顾孩子，只有孩子和他们说话，因而他们赋闲在家时只会感到孤独寂寞、无所适从。

三、代际沟通的困境

老年人面临的一个普遍困境，就是与子女之间的沟通问题。子女往往不理解老年人的心理需求，也不知道用什么样的方式与父母沟通。老年人在不被理解、孤立无援的情况下，采取的一些应对方式反而更加引起子女的反感，造成亲子关系的紧张和对立。接下来，我将展示一位学员与她爸爸沟通的案例，借此来呈现目前老年人与子女的代际沟通中会出现的困境。

以下这个案例，采用“空椅子技术”进行咨询。空椅子技术的本质就是一种角色扮演，下面这个案例属于“他人”对话式。放两把椅子在来访者面前，来访者坐到一把椅子上时，就扮演自己，坐到另外一把椅子上时，就扮演别人。“两者”展开对话，从而可以使来访者站在别人的角度考虑问题，然后去理解别人。

咨询实录

来访者：老师，我爸他不愿意出门，可老年人肯定是要运动的。我觉得这是有益身体的，我是为他好去劝他，但是他就是不愿意接受。我让他不要去较真，他又非要钻牛角尖。我不知道怎么办，这就是我今天来上这节课的原因。

韦志中：来，将那把椅子拿过来，你坐在这里，再拿一把椅子过来。一把椅子给你爸爸坐，一把椅子给你坐。请你调整一下椅子，想象一下平时你和你爸爸聊天时这两把椅子应该离多远，应该是什么角度。现在就假设你和你爸爸坐在这儿，你先把两把椅子调整好。你认为这两把椅子应该怎样放置呢？

来访者：好像没怎么这样子坐过。

韦志中：那这样好了，现在这边坐的就是你爸爸，你可以说一下你平时都是怎么和你爸爸交谈的。我们只是观察者。

来访者：我就说你不要老坐在那儿。

韦志中：不要跟我说，跟你爸爸说，你爸爸就坐在这里。

来访者：我说你不能老这样子坐着，要多出去运动一下。

韦志中：你跟你爸爸也这样说吗？你就当作是直接跟他说就行。

来访者：我说你这样子老是坐在那里，不出去走是不行的，都不运动一下，然后他就说……

韦志中：坐回来说，你现在变成你爸爸了，你现在跟你爸爸角色交换。你女儿刚才跟你说话，你听到了吗？你回答她。

来访者：反正不用你理我，管好你自己就可以了。

韦志中：好，再换回来，就这样，你一定不要演给我们看，一定要真实。

来访者：再回来，我就没法说了，我只好默默地走了。

韦志中：有没有敢于挑战当老爸来教育一下女儿的？你觉得可以怎样回应她这个女儿？来，这回是“老爸”来了，你可以说给她听。

来访者：你不要老坐在那里玩电脑，要多出去走一下，去交点朋友，打个扑克什么的都好啊。

爸爸扮演者：你怎么老说我，你自己不也是老在家里待着吗？

来访者：我没有老在家里待着，除了上班、加班，我也会看看节目、打打球、多交朋友，这样子人才会比较开心、比较开朗。老活在自己的世界里不好。

爸爸扮演者：你都不坐过来，我怎么跟你聊天？

来访者：我老爸不这样子说的。

爸爸扮演者：我现在是你老爸，我很想亲近你，想让你靠近我多一点。

（完）

韦志中点评：

以上对话，里面有一些有意思的信号。在学员给她的爸爸提建议时，爸爸收到的是建议还是控制、指责？如果给他提建议，而他收到的是不接纳、教训的口气，他觉得那是指责，那么女儿的建议就是无效的。

回到最初的问题，女儿主要想表达什么？是对爸爸的关心、对爸爸的心疼，渴望爸爸能有多元的生活，这才是女儿真正的心意。那么女儿是否可以换一种方式去说呢？例如，“老爸，我想跟你说两句话，可以吗？”以爸爸过去的经验，首先他会有所防备，因为女儿过去都是指责他，现在突然这么客气，不知道有什么花招。

这时候，女儿就可以说：“老爸，我作为你的女儿，真心地希望你开心，但是我又不知道该怎么办，所以有时候说话就比较直接。我也不知道你坐在这里舒服一些，还是出去走走舒服一些，但是作为女儿，我希望你能更加健康快乐。”这就是共情，跟爸爸的沟通不一定要解决问题，而是要让他感觉到爱。

分享交流时间

来访者：我爸是那种特别不喜欢出门的人，这是他的性格问题，他很喜欢看着电脑、电视关心一些社会新闻，但不喜欢和人交流沟通。站在我的角度，我觉得老年人老待在家里不好，要多出去走走，看看外面的世界，包括我爸以前的老同事都是这么跟我讲，说怎么看不到你爸出来？所以我就挺担心他的。

韦志中：你的目的是为了让你爸多出去走走，对不对？

来访者：也不一定是出去走走，就是不要把自己闷在家里。

韦志中：好了，现在你有没有达到目的呢？

来访者：没有。

韦志中：那你就得想，你要怎样达到目的。

来访者：包括我妈想拉他出去走走，他就是不愿意出去。

韦志中：你现在就当自己是一名服务者，你就是为了达到这个目标。你再想一想，怎样才能够让你爸爸打开心扉，迎接更多的阳光、更多的爱、更多的关心？比如，你可以在家里办个聚会，把他的老同事请来吃饭，你来招待，或者带他出去旅游。

我们以目标为导向，是为了让爸爸开心，到底是我们认为爸爸应该要出来，还是我们心里关心爸爸，想让他开心？是我们不接受爸爸是这个样子，为了自己的面子去劝他，还是我们觉得做儿女的应该孝敬，所以去劝说他？要先想清楚这个问题。

来访者：怎么说呢？我平时工作压力是很大的，自己有很多的工作。其实我觉得老年人自己应该要想得开，他现在想不开，你要我去帮他交朋友，但他本来就不愿意去交朋友，人家跟他关系不好，我去请人家来，那不是很奇怪吗？所以，我觉得很多心理问题是自己想开了才可以。

韦志中：他坐在家里怎么想得开，对不对？

分享者1：你要找问题的根源，他是一直以来性格就这样，还是退休以后才变成这样？

来访者：以前也是这样。

韦志中：如果你不能够帮助他，请你不要给他压力，接纳他也是爱。既然这样，从此以后你不要再说他了，因为你都不为他做什么，你只是叫你爸走出去，你自己也做不到，你要求人家干吗？

分享者1：你爸是没有目标，你叫你爸走出去干吗？你首先要知道他的需求。

分享者2：刚刚听到你这样讲，其实我是很有体会的。因为我以前的性格就很孤僻，一个假期不迈出家门都是很正常的，但是在我爸妈眼中这是不正常的，他们总会指责我，哪有年轻人像你这样死气沉沉？你今年几岁？你要退休了吗？很多这种在我看来带有攻击性，甚至侮辱性质的词语。他们这就叫站着说话不腰疼，他们既不能理解我在想什么，也不能给我提供任何帮助，那他们凭什么指责我，我喜欢这样做不行吗？到后面他们也没办法，就是有点绝望，对我死心了，完全不想理我。

后来我去外面读大学，性格反而慢慢开朗起来。可是虽然现在我看开了，不是很在意，但其实我父母对我的不理解直到现在都对我有所影响。现在我跟我爸妈沟通，特别是对我妈，我可能会带有很强的攻击性，感觉她很主观，而且控制欲很强。我从小跟她的沟通就总是妈妈都是对的。现在接触心理学之后我也看开了很多，有一个特别好的收获，就是我从来不强迫任何人做什么事情。

分享者3：作为你的“爸爸”，我有话说，我看到你摆的凳子是对立的，我感觉内心很不舒服。女儿，我觉得你还能更多地站在我的角度去想，你还没有真正关心到我。我是很希望哪怕你坐在家里不出门，你跟我多聊聊你的近况，或者是你想知道我的过去，你可以多问问我，这是我内心真正需要的！

来访者：我的童年跟那位学员差不多，我父母也是这种比较专制的父母。因为我爸妈都是不怎么交朋友的人，所以我也很内向、很孤僻，没什么朋友。直到出去念书，知识改变命运，慢慢地我认识了很多东西，交了很多朋友。现在反过来看我爸爸，我就很想去帮助他。这是我来这里上课的比较重要的原因之一。

分享者4：不好意思，我想说一下。我现在感觉好像需要帮助的人是你，不是他。如果他享受他这种状态，并不需要你去干预他。

来访者：可是这几年他的性格真的是越来越孤僻了，比如我们家想买套房子，有些手续需要办理等，他却跟人家吵了个架。我感觉他这种情况不太对劲。

分享者4：吵架这种事情，对他来说可能是一种存在感的体现，让他有事可以做。

来访者：那我需要接受吗？还要支持他，甚至得去打官司？

分享者4：不一定要去支持他，但首先要站在他的角度去想，他为什么这么做。

来访者：他做的很多事情我们家人都不认同，包括我爸爸的兄弟姐妹，都会劝他出去旅行，出去玩，叫他不要去搞那么多东西。

分享者4：那你有没有想过他为什么这样呢？

来访者：他对这个社会的想法比较偏激。

分享者4：其实他的状况可能就是因为能够理解他的人很少。如果你能够站在他的角度去理解他，到时再去做他的思想工作，可能会更加容易。你是不是经常站在他的对立面？你今天跟他说让他不要一直待在家里，他心里已经在排斥你了。

分享者5：以我的例子来说，我爸因改制而下岗，然后在这个过程中，他的心态没调整过来，陷入了一种比较孤僻的状态，家人都觉得没办法跟他沟通。我当时也很心急，实际上我还跟我爸吵过架。那时候他整体的心理状态、各方面的观念都是非常偏激的。

后来我接触了心理学，才开始沉下心来去了解我爸的过往，甚至我父辈以上的事情，去了解他现在为什么会变成这样子。我还曾感叹他以前很厉害、威风，我差点就成了“富二代”。在这个过程中，我完全就是作为一个女儿的状态，也不再告诉他你要干吗干吗。

通过这种互动，慢慢地尝试，我跟我爸的距离就开始走近了。我觉得我爸现在的状态非常好，他很疼爱我们这些子女，这都是我们改变态度和交流方式之后，他才呈现出来的。

当时所有人都不理解他，他在家里总是和我们大吵大闹，因为他本身作为家长的尊严没有得到尊重，这时候你说任何话他都听不进去。他感觉你是在跟他说教，他就会摆出自己的资历去反驳你，这样你是走不进他的世界的。

所以不要存在帮助的心态，而是融入女儿的角色，真正关心你的爸爸。他会喜欢这种状态。其实在家里也有很多可以放松身心的活动，比如，可以在家里跟他下棋，他要是实在不愿意走出去的话，我觉得你不需要急于把他推出去，这时候是推不出的。

我觉得你不要站在“我是为你好”的立场跟你的爸爸说话，实际上你越说他心里越抵触。毕竟我爸爸也是从这个阶段走过来的，所以不是说性格难改，而是说你给他的是不是真正的爱，如果你真正融入了爱，这种状况实际上是可以被改变的。

韦志中：没有技术，只有爱才能解决这个问题。

分享者6：如果我们平时想要跟他人有良好的沟通，第一点就是讲你自身的故事，用你自己真实的故事、真诚的心去打动他。你说你本来也是内向的，直到读了大学，交了很多朋友之后才慢慢改变，那你就可以跟你爸爸讲你是怎样改变的。

第二点，我觉得老年人想要的往往更多的是你的陪伴。比如，你可以跟爸爸说，我平时工作很忙，假如我有时间，我可以陪你去旅游。我想如果你这样去做，他会不会更愿意走出去？

来访者：不会，他不愿意跟我出去。

分享者5：你要先改变你整个家庭的氛围，包括你自身的这种状态。

分享者7：你要明白你自己的出发点是什么，你要干什么。先把自己的问题弄清楚。这本来是你爸爸一个人的问题，现在变成你跟他两个人的问题，甚至整个大家庭的问题，实际问题变得越来越复杂。

你想要改变他的行为，但是你不知道他的想法是什么，也不知道你自己的想法是什么，更不知道自己的问题在什么地方。在这个事情上你是什么感受？对你有什么影响？你的压力是什么？先弄清楚自己的问题，才能换位思考，为爸爸着想。因为现在你沉浸在自己的情绪和压力中，自己的事情还没明白，就先别管别人的事情了。

来访者：我的出发点我是很清楚的，我就是想在做好我自己的基础上，去帮助爸爸。我身边的很多长辈朋友都有好友，都会出去喝茶，都有自己的圈子。我以前没有感觉到老爸对我也是很专制的，直到长大了，自己的人生观、价值观改变，然后再回头看看他，我就觉得挺不认可的，当然这是代沟问题。但是怎么去沟通，可能还是要讲点技巧。

分享者8：我想问一个问题。你爸爸他认为自己现在的状态是怎样的？他是比较想要安定地待在家里，还是他在家也是郁郁寡欢？

来访者：我爸爸表现出来的状态，就是还会把十年前那些不开心的事情拿出来说，我觉得他很纠结，总是放不开一些事情，过得不开心。我觉得他本身就缺乏安全感，但是我又不知道怎样帮助他。

分享者5：其实要想调整好你爸爸的状态，肯定是需要你们整个家庭去协助的。有一句老话叫“家和万事兴”，我们今天的主题就是说家里的老年人，家长不开心的话，整个家庭都很难欢乐起来。

分享者2：我是这么想的，会不会包括你在内，你的所有家人对你爸爸都不是很认可，对他的一些日常行为。

来访者：我爸爸的兄弟姐妹都会结伴去旅行，但是我爸爸就是不去，他们也理解不了他为什么这样子。比如说，我家新房子漏水，但我爸妈都这把年纪了，大家都想早点搬进去住，然后慢慢修。但他就是跑去建设局折腾了几年，然后慢慢修理，所以大家也真的是不理解他。

分享者7：其实就是你爸失去了对你们一家人，以及对他自己的掌控权。

来访者：我们都说不动他。

分享者9：“冰冻三尺，非一日之寒”，所有的事都是事出有因的。我觉得你要多陪伴他，这是最重要的，先从陪伴开始，慢慢地了解你爸的内心，到底是什么原因导致他自我封闭。他只活在自己的世界里，他不愿意再跟外面的社会接触了。这个是什么原因引起的？

我们要做到对症下药，如果你连这个都不知道，你一味地叫他出去，他完全是抗拒的。我理解你对他的关心，但他认为你是在控制他。所以我觉得，就像跑建设局这件事，很多人都不理解他为什么要去做，而且一折腾就是好几年，他还是要去做，他就是要引起你们对他的关注，他要找回存在感和掌控权。可能他认为你们都不把他的话当作一回事，所以他才把自己封闭起来。

（完）

四、婚姻状态的变化：丧偶、离婚与再婚

老年人会经历丧偶的悲痛，或者经历离婚、再婚，甚至可能出现情感上的纠葛。丧偶是任何老年人终究无法回避的问题。

有人认为，人的婚姻需求是随着年龄增长而下降的，但这是不一定的。美满的婚姻可以是人们健康长寿的一剂良

药。对老年人而言，有一份情感的支持，尤其是来自伴侣的情感支持是非常重要的。我们未来进行老年人服务时，应重视老年人的婚姻情况，比如，应该要在婚姻中介里专门设立老年人婚姻介绍所，对老年人进行辅导。

某小品就很好地表现出了伴侣对于老年人的重要性。小品中，夫妻两人合伙种地挣了三千元，后来先生在市集上看到有个女孩子很可怜，上不起学，于是把三千块捐给了她，结果不小心捐了三万。后来记者来采访，老太太想要把钱要回来。老爷爷问："你要脸还是要钱？"老太太回答说："我要老伴。"这个小品反映了老年人的典型心理。老伴就是我最重要的财富。

既然伴侣对老年人来说如此重要，那么经历离婚、丧偶的老年人又该如何面对再婚这件事呢？我们的社会又该如何看待这件事呢？这让我想起，我们村子里有一位大娘，她与丈夫离婚了。他的小孩有点社会地位，不愿意他的母亲走再婚这条路，那她的幸福要去哪里找呢？这位大娘总是以泪洗面，没人想到她的问题要怎么办。

传统习俗多对老年人再婚持否定态度，很多现代的年轻人，对自己年老的父母亲再婚的问题，在感情上也接受不了，认为长辈再婚是给自己丢了面子，因此宁可让老年人受罪。但其实，老年人再婚符合他们的心理需求，可以满足男女双方的情感需要，相互鼓励、分享欢乐，进而在情感上有所寄托；还可以打消老年人的孤独感，增添他们生活的自信心。

我父亲去世时，我才十几岁，我结婚的同时我母亲又再婚。这可羡慕坏了村子里一帮丈夫也去世了的妇女。我记得很清楚，我妈再婚后我住在青岛，家里亲戚打电话给我，说母亲重病住院，其实我已经大概知道根本不是母亲重病，但我还是哭着回来了。一进村子，我第一个就看到村里面我家的一个邻居，他就对我说你妈走这一步不对。寡妇再嫁历来容易成为街头巷尾、茶余饭后的话题，那些世俗舆论的反对声往往使得渴望再婚的老年人望而却步。

我当时说的第一句话，就是我妈走的路，只有我们做儿女的能说，其他人都不能评论干涉，这就表明了我的态度。回去见了面之后，我跟我妈妈表明态度，你可以选择留在这里也可以离开，你可以到我继父他们那个村子去。

我回来之前，我嫂子还在跟我妈吵架，因为她有一种担心，我母亲要是改嫁走了，那就把家产都带走了，这关乎她的利益。子女反对父母再婚有多方面的原因，怕遗产落入他人之手，担心自己应该继承的遗产得不到，算是其中一种。不是说我们提倡老年人结婚和再婚，因为这其中还牵扯一些别的问题，但是要允许老年人有情感需要，允许他们有处理情感问题的自由。

五、老年歧视

老年人的心理健康也会受到社会环境的影响，社会是否尊重老年人，有没有老年歧视的现象，这些环境因素都会影响老年人对自身的感觉。

在目前的社会中，还是普遍存在着老年歧视和消极的老化现象。老年歧视这一概念最早由巴尔特在 1969 年提出，是指人们认为老年人是生理和社会方面的弱者，而对老年人形成消极的刻板印象、偏见或者歧视。

现今的老年学研究与观点倾向于将焦点集中在老年人的衰退，但其实老龄化并不全是生理性的，也是社会性的结果。在社会转型、市场经济发展的过程中，讲求效率和竞争成为社会发展的主要特点。因此，流行年轻人的文化不可避免，其结果是消极的、偏见的、老龄化观念占主导地位。老年歧视渗透于个人、制度与文化各个层面，最终导致老年群体被边缘化与病态化。

对一个老年人而言，他的儿女可能并不恨他，也不嫌弃他。如果他感觉到自己被人嫌弃，这本身是一种幻觉，是他内心的一种担忧，但是他切切实实地体验到了被人嫌弃。对任何一个人来说，真实发生的事情和他心里体验到的事情，哪一个是最真实的呢？其实最真实的不一定是实际发生的，最真实的是他心里体验到什么。这种担心、感受到被嫌弃的心理，时间久了之后就会上升到一种心理层面的真实。

这个时候如果外部环境再发生一些事情，比如，儿女对老年人说“都跟你说过了，你没有用，你做不好”，老年人就会把儿女说的这一句话上升到认为儿女嫌弃他没用了，进而对自己的存在产生怀疑。

有研究显示，老年人的受暗示性更高，在生活中更易受到外界环境的影响。他们的心理敏感度是非常高的，因为老年人的生理结构发生了变化，身体的衰退使得他们与外部环境的互动不再像以前那样容易，他们的思维和行动都受到了限制。这个时候的老年人更加依赖身边的人，因此也特别在意他人的反应。即便我们没说什么，他们就已经产生担心自己被人嫌弃的心理。

研究发现，老年人不仅经常遭受他人的老年歧视，甚至老年人自己对老化也持有“消极的自我刻板印象”，如他们感到自己身体衰退、功能丧失、社会地位降低，认为自己作为老年人是社会的负担等。

这时候如果我们再说他们不好，他们心里就会更加无助，觉得自己没有出路。老年人最害怕的是被人嫌弃，这个是随着老年人的一系列生理方面的衰退而自然产生的一种心理。因此，我们对老年人的心理关怀服务就是要减少老年人被抛弃、被嫌弃的感觉。

如果这种心理活动增加了，那么老年人就会采取应对方式。但他们的应对方式在我们眼里，很多情况下可能就是胡搅蛮缠，就是症状，就是问题。

我们往往只看到结果，但其实老年人在出现胡搅蛮缠的行为之前是有他们的心理体验的，他们的心理体验和活动的产生是基于之前跟外部环境的互动而产生的认知。老年人在与环境的互动当中，就包括我们对待他们的嫌弃、歧视的态度。

老年歧视不仅降低了老年人的自我效能，致使他们对自己的负面评价增多，经常处于抑郁和压力中，而且会进一步导致整个社会人力资源的浪费，造成代际关系不和谐，甚至是出现敌对情绪，使社会整体绩效降低。让老年人在精神上保持年轻，对于社会是有利的。

如果年轻群体对老年群体的认同感很低，不仅会使得老年人在经济、生活照顾方面缺乏应有的支持，而且会使老年人在精神上感到孤独、缺乏安全感。这也需要我们社会做出相应的文化建设。例如，现在广州有很多老年人穿得非常时髦。但最重要的是年轻人怎样看待老年人，怎样发自内心地尊重老年人，这是年轻人需要做的。我们要营造一个可以让老年人享有心理福利的社会氛围。

有学员分享，父母给他们自己买衣服时往往都是挑跟自己年龄相符合的，出门在外也不怎么打扮。他们会觉得不要穿得太年轻，不然上公交车别人不会给他们让座。这里有一个问题，就是老年人享受的社会福利往往跟他们的心理福利是矛盾的。社会福利像是老年人坐公交车不用钱，还有道德福利，就是会有人让座给他们；但同时，老年人也想要享受心理福利，他们想要穿自己喜欢的、好看的、让自己心情愉悦的衣服。

这其中涉及对老年人的“积极歧视”，包括对老年人的恭敬行为。对老年人的“积极同情”也会造成许多老年人被过度照顾的现象。但这两者其实可以不矛盾，既让老年人享受社会福利，也享受心理福利，这就是我们要做的工作。

第四节　老年议题是社会议题

一、社会缺乏对老年人情感需求的关注

有时，人们更关心孩子的学习自主性，关心孩子有没有获得好成绩，但很少关注孩子的人格发展。其实如果我们把孩子的人格心理塑造看得和他的学习成绩、智力的发育一样重要，估计就会少很多的留守儿童。在外务工父母如果认识到这一点，就可能宁愿苦一点都不会把孩子单独放到老家和老人生活。

这就是人生的“算账”问题，父母算的是经济账，而不是人生的幸福账。我们整个社会对于幸福的实际含义还没有完全理解透，比如说幸福的来源、幸福产生的因素、幸福的概念、实现幸福的途径和方式，我们都没有去探索和研究。

幸福至少包括两个方面：一方面是情感成分，即对欢欣、

得意、满足等积极情绪的情感体验；另一方面是认知成分，即对生活各方面满意程度的认知评价。

我们如果真的理解了幸福，可能会减少很多不利于产生幸福的行为。以影响老年人幸福感的因素为例，有研究显示，配偶健在、受教育程度高、身体健康、日常生活功能好、家庭关系好、人际关系好、亲密朋友多、养老环境和谐、兴趣爱好广泛等，都对提升老年人的幸福感具有积极作用。我们要认识到对老年人的服务除了基本的物质生活保障，更多的是精神层面的关怀。

现在开一个老年人服务机构，可能会投入很多在硬件设施上。可能因此客户来观看时，可以展示这个机构有多么好的设备，以引起更广泛的关注，获得更好的发展机会。

但是，在建设老年人服务机构这件事上，光有硬件是不够的，更需要先培训志愿者护工。适合做老年人工作的志愿者护工，就是不管碰到多难缠的老年人，他都能听老年人说话，都能跟老年人沟通。假如有这样的一批志愿者，就不用再从硬件层面去宣传自己的机构。但现在的老年人服务机构还没有做到这种程度，这说明老年人服务在精神关怀层面还有很大的发展空间。

二、追求利益的社会氛围

有时候，为什么只是跟老年人聊一下天，我们都觉得没有时间？原因就是我们觉得它不赚钱。事实上，我们发现有一些看似没有益处的事，却能让自己更快乐，快乐才是最重要的。可能你在家里照顾孩子、打扫卫生，这是很开心的。因为你在经营你的生活，给孩子的未来铺路，它是非常有意义的。

有些开心，是你跑去打麻将，把孩子扔在家里让他自己哭，这不是通往真正的幸福的道路。我们一定要了解清楚，有些事不开心但它可以做，因为做完之后离自己的人生目标更近；有的事情让自己很开心，但是不能做，越做离自己的人生目标越远。伺候老年人、做老年人的心理工作，尽管有时候是不开心的，但仍然值得我们去做，因为它是有意义的。

老年人可以没有工作，但是为社会做一些事情，可以体现自己老有所为的价值。为什么老年人退休后就不去工作了？很多人是因为自私，觉得自己已经干了一辈子，现在累了，不想再为社会做什么。但其实做事也是为了自己的满足和价值感。北欧国家的社会救助机制很完善，即使没有工作都可以领救济金。但是他们为什么还要工作，因为要追求人生的意义。今天我们对职业的热爱减少，也影响了我们的老年人心理服务。

我曾开过班主任培训班和心理健康老师培训班，夏天开旅游团，自费旅游学习，一下子就招满了人，他们觉得这是为自己旅游的。学校报销的旅游团他们反而不来，因为觉得是为学校学习的。但是学习其实是为了让他们在讲台上更像一名合格的老师，让他们掌控自己的快乐，这是为自己的成长投资，而不是为了学校。这个就是我们对职业的误解。从现在很多学生高考选专业的情况中也可以看出，很多学生选专业不是因为热爱，而是为了找工作考虑，他们对自己的工作难有热情，这样一来，他们老了退休后还会想着工作吗？

为什么我妈妈还是爱种地，儿女们都给她钱也没用，生活也非常简朴，家里还是几十年前的老房子、老椅子、老桌子，没有任何新的东西。她什么都不图，她就是找一种感觉，一种自我存在感。我们为什么要佩服革命年代的先人们？因为他们心中有一种理念和信仰，并立志为社会做出贡献。这是我们现代人需要学习的。

三、老年人是社会共同的老年人

孩子在出生后的前 3 年里，如果不能跟妈妈建立起亲密关系，没有从家人的照顾当中获得爱和自尊，等孩子长大之后，他们的心理和人格发展就可能没有那么成熟、健全。

当人们从小没有得到好的照顾，那么可能他们长大之后社会的整体素质水平就会下降。素质水平下降带来的后果，是需要整个社会一起承担的。我们提出社会共同承担抚养小孩的责任，很多人或许会觉得这样做的开支非常大，但是这样做可以减少很多问题孩子的产生。

问题孩子可能会使得很多家庭过得不幸福，同样，在孩子出问题之后会增加许多家庭成本来处理孩子的问题。这样就汇集成了社会成本，这个社会成本是非常大的。

针对老年人也是同样的道理。我们要建立老年人的预警系统。看似我们要增加一些投入成本，但是这对管理社会来讲作用是非常大的，它的付出少于解决事后发生的诸多社会问题所花费的成本。比如，一旦有一位老年人生病，他家里的几个子女全部都要被叫回来照顾老人家，这样一来，子女也没有办法好好工作。因此，先做预防的成本要低很多。我们每一位做老年人心理服务的人，都要清晰地知道这其中的成本代价。

老年人若是没有得到很好的照顾，牵动的是全家人的心。2007 年中央台春节联欢晚会上，艺术家言顺开扮演一位爸爸，因为孩子很久没有回来看望他，他感到很孤独。那天恰巧是他的生日，他就装病把三个孩子骗回家。孩子们一听爸爸病了，生意也不做了，演出也停了，官司也不打了，都急忙回家看望爸爸。一家人团团圆圆，老年人感到开心了，自然也就没有了孤独的情绪。

只要老年人的能力被好好运用和挖掘，老年人的情绪被照顾到，他们有事可做，又在情感上获得支持，就不会无端生事，也不会“装病”。“装病”是指出现躯体化的生理症状，但背后也有心理因素的影响。比如说，一个老年人觉得他不被爱，他就会发泄自己不满的情绪，情绪会影响他的身体，引发高血压、冠心病、偏头痛等疾病。出现病症之后，老年人就会去医院，然而，这是治标不治本的，过度服用药物反而会对老年人的身体不利，整体而言，这也算是对医疗资源的一种浪费。

我们需要认识到，老年人心理工作是和整个社会的幸福水平、和每一个个体息息相关的。更直接一点说，老年人的幸福感提高一层，他的家人和所有相关的人的幸福感也会跟着提升。

中国文化深受儒家思想的影响，我们强调集体利益强调共同富裕，倡导尊老敬老的社会风尚。老年人是我们社会共同的老年人，服务老年人，一定要形成全社会共同承担社会责任和义务的概念。这才是孟子“老吾老以及人之老，幼吾幼以及人之幼”的真正含义。

四、孝顺是一种社会心理需求

人类进化的本质是生存与繁衍。繁衍是指向后代的，指向未来的。我们希望后代更聪明、更健康、更漂亮、更优秀，所以家长会更愿意在小孩身上投入时间、精力与金钱。如果一个家庭既有老年人又有小孩，通常会优先为小孩的发展考虑更多。

人类除了繁衍之外，还发展出了道德机制。新文化运动期间，陈独秀将西方进化论引入伦理道德领域，举起了“道德革命”的旗帜。陈独秀认为，社会的道德观不是永恒不变的，而是随着政治、宗教及文化的变革不断更新的。孝敬老年人，是一种道德进化。如果我们孝敬老年人，无形之间也为我们的子女做了一个示范，这样子女在我们老去之后，也会孝敬我们。

我们的传统戏曲中有很多关于尽孝的故事，比如有一部戏叫《墙头记》，善良的张木匠辛辛苦苦把两个儿子拉扯大，由于妻子早亡，张木匠对两个儿子很是溺爱。两个儿子虽然生活富裕，却不愿意赡养老人，还常常怨恨“老爹爹今年八十五，何不死在圣贤年”。后来，张木匠借着好友王银匠的计谋得以善终，而两个儿子由于贪财去刨墙，结果被倒下的墙给压死了。这出戏对于弘扬中华民族传统美德，培育尊老敬老的风气，是有积极意义的。

弘扬美德是为了全体民众的幸福与发展。孝，本身是一种心理需要，是人类社会走向集体文明的心理需要。这有点类似于我们选择做一个好人，是因为做好人更符合自身的幸福利益。你做好人，不用每天想着防范别人，不用每天想着伤害别人，你就会节约很多心理成本。我们为什么要对老年人好？因为一个社会对老年人越好，这个社会的安全感越高。

为什么孝道需要传承？因为我们孝敬父母，我们的孩子才会孝敬我们，我们在人生中才会体验到“老有所归”的安全感，回归到一种真正的安然。

孝道作为一种文化设计，一部分是自古以来经由人民日常生活经验的累积逐渐演化而来的。孝顺是为了全社会人民的幸福而进化出来的，它不是对人的规定，而是大家可以享受的东西。同时，孝道还是文化的进化，符合人类的发展，而不是某一个小群体的意志。所以要走大路，就是走大家都认同、都走的路。

不善待老年人，社会整体的安全感就会下降。孟子曾说“老吾老以及人之老”，当初我的理解是：人人都会老，现在你要对老年人好，等到你老了的时候，别人也对你好。现在我觉得这里面还有一层含义：孝敬老年人，其实是为社会营造一种安全氛围，自己同样也会从中受益。所以从心理的层面来说，建立老年人的服务机制，它的价值在于维持安全的社会心理，提升社会幸福感。

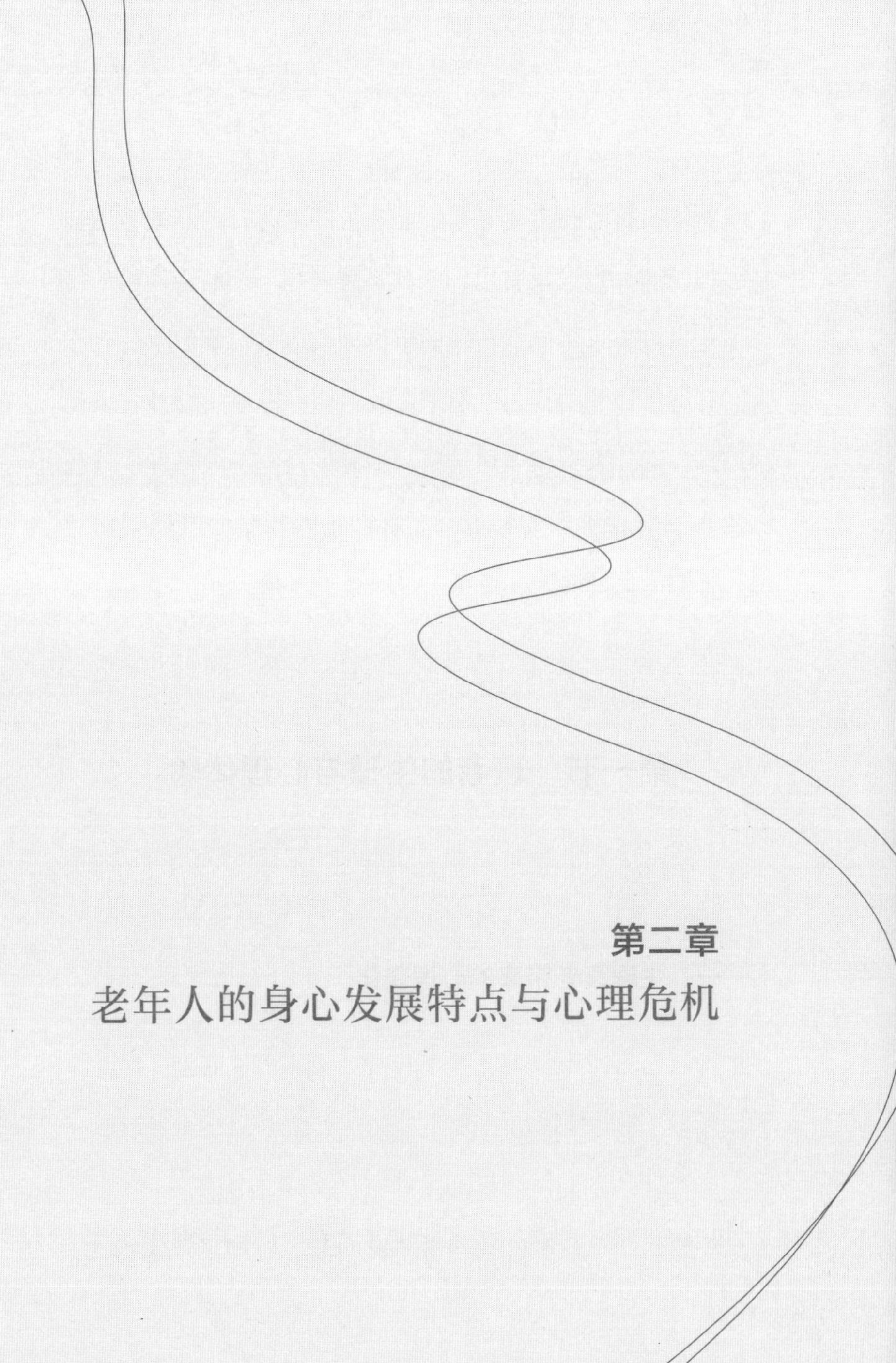

第二章
老年人的身心发展特点与心理危机

身体的衰老会带动老年人心理上的变化，老年人会感到自己被嫌弃，自己没有用，但其实衰老是一个社会建构的概念，是可以通过不断专注新的事物来改善的。我们要让老年人拥有追求自我的权利，追求自我包含存在感、精神自由和掌控感。老年人有其表达情绪和情感的特点、人格发展特征以及人生发展阶段的特征。了解老年人的身心发展变化特征，有助于更好地设计老年人心理服务方案。

第一节　衰老的生理与心理体验

一、生理衰老带来的心理变化

我们先来看一段河南坠子——《老来难》，这段戏流传了上百年，生动地唱出了老年人生理衰老背后的心理变化。

老来难，老来难，劝人莫把老人嫌。当初只嫌别人老，如今轮到我面前。

千般苦，万般难，听我从头说一番。耳聋难与人说话，差七差八惹人嫌。

雀蒙眼，似鳔粘，鼻泪常流擦不干。人到面前看不准，常拿李四当张三。

年轻人，笑话咱，说我糊涂又装憨。亲朋老幼人人恼，儿孙媳妇个个嫌。

牙又掉，口流涎，硬物难嚼囫囵咽。一口不顺就噎着，卡在嗓喉噎半天。

真难受，颜色变，眼前生死两可间。儿孙不给送茶水，反说老人口头馋。

鼻子漏，如脓烂，常常流落胸膛前。茶盅饭碗人人腻，席前陪客个个嫌。

头发少，头顶寒，凉风飕得脑袋酸。冷天睡觉常戴帽，拉被蒙头怕风钻。

侧身睡，翻身难，浑身疼痛苦难言。盼明不明睡不着，一夜小便六七番。

怕夜长，怕风寒，时常受风病来缠。老来肺虚常咳嗽，一口一口吐黏痰。

儿女们，都恨咱，说我邋遢不像前。老的这样还不死，你还想活多少年。

脚又麻，腿又酸，行动坐卧真艰难。扶杖强行一二里，上炕如同登泰山。

无心记，记性难，常拿初二当初三。想起前来忘了后，颠三倒四惹人烦。

年老苦，说不完，仁人君子仔细参。日月如梭催人老，人人都有老来难！

对老人，莫要嫌，人生哪能净少年。人人都来敬老人，尊敬老人美名传。

人在老年期的生理发展变化，关键词是衰退。生理衰老的主要表现有整体外观形态上的变化，如身体佝偻；生理功能方面，贮备能力、适应能力、抵抗能力、自理能力都在下降；认知方面，老年人的感知觉和记忆也呈现一系列的衰退变化。

老年人的生理发展变化和心理变化之间会有直接的关联，生理的变化产生之后，经与外部环境的互动，老年人会产生心理的变化。例如，一个老年人和女儿一起上街，走得慢一点，被女儿嫌弃太慢。这个时候走得慢不是问题，关键是身边的人对他走得慢的态度，是否能接受他走路变慢。

人际环境对老年人的态度，也会影响老年人对于“老”的看法和对自身的评价。当今社会，很多老年人对于衰老问题的认知有一定偏差，当一个老年人陷入“老年”这一心理定式时，有关“老年”的各种负面形象便会自发启动，从而影响其心理。因为“变老”而产生的消极后果，很多都是因为“启动”效应所引发的。

老年人的生理功能衰退其实就是，对他们来说时间变缓，像是启动慢镜头。但是，在当前经济发展的大背景下，人人都追求速度和效率。我们的社会心态，已经和老年人心理服务的心态不太匹配，这样要怎么提供老年人心理服务呢？所以我们要想做好老年人心理服务，就要营造对老年人友善的氛围，接受他们这种慢的状态，要跟他们的时间同步。

二、返老还童的可能性

一位名为艾伦·朗格的心理学教授在1979年做过一个

实验：在美国匹兹堡的一所修道院里，朗格教授和她的学生精心搭建了一个时空胶囊。这个时空胶囊就是一个房间，这个房间的布置与20年前（1959年）一模一样。他们邀请了16位老年人，年龄都在80岁左右，8个人为一组，分成实验组和控制组，让他们在这个时空胶囊里生活一个星期。

这些老年人都曾经生活在1959年的环境里。在这一个星期里，他们要听20世纪50年代的音乐，看50年代的电影和情景喜剧，读50年代的报纸和杂志，探讨卡斯特罗在古巴的军事运动、见证美国第一次发射人造卫星。他们都被要求像年轻时候一样积极地生活，比如，一起布置餐桌、收拾碗筷。在这里，没有人帮他们穿衣服，没有人扶他们走路，他们就跟普通人没有区别。

两组老年人唯一的区别是，实验组的言行举止必须遵循过去的时间，他们必须努力让自己生活在1959年；而控制组用的是现在的时间，用怀旧的方式谈论和回忆1959年发生的事情。实验组是身临其境，真正回到那个环境，控制组则是只能讨论1959年的事情。

实验结果显示，两组老年人的身体素质都有了明显改善。

这只是一个星期而已。他们刚出现在朗格教授的办公室时，大都是家人陪同过来的，他们老态龙钟、步履蹒跚。一个星期之后，他们的视力、听力、记忆力都有了明显的提高，血压降低了，平均体重增加了 3 磅，步态、体力和握力都有了明显的改善。

不过相比之下，实验组的老年人进步更加惊人，他们的关节更加柔韧，手脚更加敏捷，在自理测试中得分更高，有几个老年人甚至玩起了橄榄球。局外人被请来看他们实验前后的照片，几乎不敢相信自己的眼睛。

这么多年来，关于这项实验的质疑从来没有停止，毕竟这是一个前沿实验，缺少实验室的控制，一个结果可以有很多不同的解释，但是结果确实出现了。事实上，直到今天，朗格教授仍然难以解释，在那一个星期里，这些老年人的大脑和身体之间发生了怎样的交互。唯一可以肯定的是，这些老年人在心理上相信自己年轻了 20 岁，于是他们的身体做出了配合。

这里就引出一个重要的话题，就是老年人的时间感，即他们的生理时间是否与心理时间同步。在没有参加实验之前，他们普遍认为自己变老的速度超过了他们身体实际老化的速度。他们认为他们老了，走不动了，他们的身体跟着他们的认识就老得走不动了。

但现在时间回到了 1959 年，他们认为他们的身体还没老得那么严重，还可以打橄榄球，他们的身体就根据相信自己年轻了 20 岁的心态做出了相应的配合，所以他们虽然 80 岁了，实际上心理年龄是 60 岁。在这个时候，这些老年人相信自己还是一个可以为社会做贡献的精英。为了维护时间感，那些活在 1959 年的老年人必须付出更多的专注力，即更有意识地活在当下，活在 1959 年的当下，因此他们的身心状况改善得更加明显。

三、衰老是被灌输的观念

虽然不至于返老还童，但以上实验至少证明了生命最后阶段的衰老并非不可逆转，衰老可能是被灌输的观念。老年人的虚弱、无助、多病常常是一种习得性无助，并不一定都是必然的生理过程。

那么到底是什么抑制了老年人的真实潜能呢？根据朗格

教授的分析，这是因为我们身处于一个崇拜青春而厌弃老年的社会。年轻的时候我们想当然地以为自己不会轻易变老，与此同时，我们固执而轻率地认定衰老和能力减弱有种必然的联系，结果我们就自然地认为人只要老了，就没有用了，就会退化。老年人自己也这么认为，于是他们会产生无力感，也就是无意义感，紧接着他们会放弃自己，于是就出现了各种问题。

这就像是一个人到了咨询室里面，就要表现出病人的样子。大家以为做心理咨询是帮助来访者变好的，但其实他来的时候就必须要扮演成生病更严重的样子。咨询治疗结束的时候，他就要扮演出已经差不多治疗好了的样子。所以我们说演一个幸福的人，演着演着你就幸福了，演一个不幸福的人，演着演着你就不幸福了。

在朗格教授做的实验中，她对实验对象的理论假设是这些老年人认为自己衰老的速度超过了他们实际老的速度。我们在生活中也会有这样的现象。比如说我现在 40 岁，但很多时候我会以为自己还是一个 20 岁的小伙子，躺在那里的时候就想去做个鲤鱼打挺。以前一下子就起来了，当然现在勉强也能起来，但会明显感到自己的腰部不如过去有力。

很多老年人第一次摔倒，都是因为他们认为这个地方可以跨越过去，认为自己的骨骼还和以前年轻的时候一样。但实际上经过一次试验，摔倒了，这个时候老年人就会产生一种害怕的心理，也就是说，他们由还没有认识到自己身体已经衰老的状态，变成过分认为自己老化的状态。甚至有的老年人被查出得了严重的疾病，不久就去世了。这是因为老年人在心理上放弃抵抗，他认为自己快要死了，求生意志已经被瓦解了。这是朗格教授的实验给我们的一个很重要的启示。

四、不断专注于新的事物

朗格教授将自己的研究称为“可能性心理学”，这个学说不是描述普遍的真相，而是寻找个体的可能性。她热爱网球，年轻的时候摔断了腿，医生说她从此会腿瘸，再也不能打网球了，但她现在双腿健康，仍然在打网球。30 多年了，可能性心理学的实践使这位心理学家牢牢掌握着身体和心灵的控制权，度过了一段非凡的岁月。

还有一位催眠大师艾瑞克森，他患有脊髓灰质炎，医生说他只能坐在轮椅上，但后来他站了起来，并在催眠领域里取得了难以超越的成就。所以他觉得世上没有一样东西是他不敢尝试的，当别人告诉他“不”的时候，他一定会反问一句：“为什么不？”

当我们对于某些事物非常确定时，我们就会产生单一化的思维，不再去思考事情可以有什么样的变化。人是习惯性的动物，如果我们被僵硬的刻板印象和偏见所麻痹，我们的很多行为往往会是先入为主、不加思索的，或者是得到想当然的结果，而没有经过任何思考。但是如果我们对于某些事物感到不确定，就有机会展开各种思考和尝试。这个“可能性”理论的第一假设是我们不知道能做什么，或者能改变什么，一切皆有可能。

朗格教授做过一个复印机实验。几个人在排队，复印东西，实验者问前面的人能不能让自己先复印。只要实验者给出理由，通常人们都允许他插队。这个理由本身是否合理往往并不重要，无论你说“对不起我赶时间”或者“对不起我想复印文件”，人们的反应都是一样的。有时候在机场，时间晚了，我也曾经几次走到前边排队安检的地方，跟前面的人说“对不起，我的航班到点了，我就快飞了，可不可以让我先过检查”，基本没有人反对。

其实不管你说什么都可以，并不是他们认同你说了什么，而是他们根本没意识到你说了什么。在日常生活中，许多人都像是复印机实验里的那些人一样，面对某种要求，在一种自动化的状态下就直接做出了反应。所以我们需要时不时地停下脚步，思考一下我们正在做什么，在某个情景下我们是怎样反应的，为什么我们会这样反应，以及还有没有别的选择。这种思考的过程就是所谓的专注力。

为什么要讲专注力的研究？专注力是指一个人专心于某一事物或活动时的心理状态。老年人之所以衰老，是因为他的专注力在下降。这是老年人的一种习得性无助，他会认为自己到了这个年龄，身体和心理状态都不行了。如果提升他的专注力，他就会改变心态，就会老有所为，就会减缓衰老的速度。

要怎么样提升老年人的专注力呢？提升专注力其实是一种很简单的实践，留意新事物，积极寻找新理论，无论是关于自己的，还是关于周边环境的，只要它是新的、不一样的，就会将你置于当下新鲜的状态中。不能让老年人循规蹈矩，轻车熟路，一条道走到黑，要让他对身边的人和环境重新敏感起来，朝向新的可能性，形成新的视角。

在专注力提升的情况下，那些老年人称之为智慧、经验的东西也就需要重新审视，他们会发现自己以前形成的智慧、经验都变得可疑。在这个过程中，他们会有新的智慧和经验产生。否则，老年人就会一直活在过去的经验当中，作茧自缚。衰老的概念，不是老年人在生理上走不动、听不见，而是他们不愿意再学习和改变，不愿意再尝试新鲜事物。所以，从一定意义上说，人的消亡不是身体的，而是精神的。

第二节　老年人追求自我的权利

一、老年人的存在感

存在感是指人对自身存在的体验。人在意识到自身的存在时，能够超越各种分离，将自己整合起来。人只有拥有自我存在意识，才能把各种经验连贯和统整，将身与心、人与自然、人与社会等连为一体。

老年人的衰老不光是细胞、器官以及整体外观上的变化，心理上的衰老同样是不容忽视的。存在感影响着人对自身的价值和意义的判断，进而影响心理衰老的进程。人的存在感受到外部环境对自身的认可和看见的程度的影响，一些老年人年老之后，社会慢慢把他们看作了隐形人，看不到他们的功能和价值，他们的存在感就被削弱了。我们不能把老年人变成隐形人，哪怕他们主动地变成隐形人。

有一些老年人被社会边缘化、被抛弃，找不到自己的角色定位和认同感了，他们被剥夺了存在感。从社会心理学的角度，他们是边缘人、隐形人，不被人看见。在一个单位里工作，他们无足轻重，不在正常的工作圈子内；在社会中，他们也不见了，找不到自己的位置。一个人若是一直不被看见，心理极易产生问题，最后可能会做出一些极端的行为，用这种方式来追求自身的存在感。

所以我们一直在说的“看见”，就是要关注和重视每一个老年人。不能剥夺老年人的存在感，要避免让老年人成为隐形人，这是老年人心理服务很重要的一点。

学员分享 1：

为什么老年人会购买保健品？

我们知道，老年人是容易被忽悠的，那些卖保健品的人总是专找老年人下手。我们在公司闲谈的时候也会谈到老年人怎么这么容易被骗，怎么老人家的钱也下得了手。我们觉得那些卖保健品的人都是不道德的。但老年人为什么愿意与卖保健品的人来往？我觉得是因为他们在家里得不到尊重，反而在卖保健品的人那里找到了存在感。保健品公司卖的不是产品，卖的是服务。

于是我对卖保健品的人有了改观，他们特别会跟老人家聊天，特别热情。老年人在和他们的相处中得到了心理上的满足。老年人在家里满足不了被看见的需求，在这些人那里反而得到了。所以营销者也在利用老年人这样的心理。可能营销者跟老年人聊天聊得很好，然后老年人就很相信那个人，进而变成了愿意购买他的产品。

学员分享 2：为什么老年人要上访？

社区里面的上访者比较多，上访的大部分是老年人，我觉得他们很辛苦，大冬天 1 月份都跑到北京去上访。我过年时跟他们聊天，那些上访户说，你以为我很想去北京吗，然后说了很多对现实不满、对家庭不满的话。虽然他们在跟我聊天的时候，腿都在抖，他们很生气也很委屈，可是他们要被看见的心理需要，希望社会认同他们的需要，一直在支撑着他们站出来不断地做这样一些事情。

于是老年人通过上访的方式表达自己的社会功能还存在，他们还有在这个社会上的存在感。他们用上访这个行为，来充当一个社会的重要角色，其实他们是很希望自己那一份社会功能不被抹杀。那些上访的人，上访过程中在村子里没人听，到区里也没人听，他们就要去北京。哪怕这是一件特别辛苦的事情，但他们为什么要坚持这么做，原因就是要大家看见他们。

韦志中点评：

从老年人的角度来讲，我们能否听懂他们的话，其实是心理学上讲的高级共情。听话听音，老年人要的是一种自身的存在感。那么为什么我们总是忽视、反驳父母呢？为什么不多听听父母说话呢？

其实对老年人来说，拜访他们，跟他们聊一下天，作用都是很大的。现在的老年人为什么过得不快乐，就是因为他们在家里面被人忽视，甚至被嫌弃，出去也一样。最终，他们没有了存在感，觉得哪里都不需要自己的存在。

二、老年人的精神自由

什么样的老年人最快乐呢？是坐在一个地方，就能让自己的精神世界荡漾在无限的想象和思考之中，这是他的精神自由。精神自由不是一个人想干什么就干什么，而是一个人能够想什么，精神自由也就是人的意志自由。

人的成长在于，我一开始跑得飞快，去的地方很多，生理功能和社会功能都很强大，但是精神境界很小；后来我的身体功能变得越来越弱，跑得越来越慢，去的地方越来越少，社会能力越来越弱，但是我的心理疆域、精神世界越来越大，这叫智慧。一个人在生理上慢慢地衰老，他的智慧、判断力、推理力就有可能会更强，精神世界更加扩大。

我们要承认老年人的精神世界依然是优于我们的，他们的智慧，他们对于事物的判断，是值得我们学习的。这就是老马识途的意思。老年人的糊涂只是因为没被尊重而表现出的一种固执行为，只是因为他们的认知和记忆能力衰退，但他们并没有失去对事物的判断和自身的智慧。

老年人的思想是我们的社会财富，所谓“家有一老如有一宝”，就是说老年人是家里的精神核心。我们现在失去了对老年人思想和智慧的运用，是有点可惜的。

不能消极地看待老年人的生理功能退化，而忽略了他们精神世界的强大。从人权的角度来看，不能剥夺老年人的精神自由。老年人生理功能上越是衰退，心理上就越是要给他们一个更大的空间，引导老年人在心理上的成长。

学员分享：

我是在社区工作的，刚到社区的时候接了一个案子，是一个家庭纠纷，社区副书记带着我一起去处理。去了之后我发现，是两位老人跟儿子吵架了。为什么吵架呢？因为儿子说他的爸妈太笨了，花那么多钱，买了一个石床，也没有什么用。那两位老人坚持说石床是有用的，躺在上面，身体各方面的功能都会改善。

我们听了之后就建议，把床的一个小配件拿到外面去做个检测。老人家同意了。检测结果表明那其实是普通的石头而已。我跟副书记就觉得不能把这个真相告诉老人家，因为他们觉得很有用的东西，如果到时候发现是假的，心里面肯定接受不了，可能对他们的打击会更大。所以我们就去给他们的儿子做工作，让老人家继续用这个石床，让他们相信这个石床是真的有用，他们的相信可能会促进身体功能的改善，说不定能起到心理安慰作用。

其实他们的争吵纠纷只是因为儿子否定了他的父母，觉得父母老了、笨了，容易被骗。但站在老人的角度，他们会觉得虽然自己身体上有一些机能开始衰退，可是自己的认知、自己的智慧，还是可靠的。如果自己的儿子或者女儿不断地去否定这一部分，老人确实是会很难过的。

三、老年人的掌控感

1. 什么是掌控感？

什么是掌控感？掌控感即人对自己的日常生活、对周边环境的控制感。控制感是指主体知觉到的自己能有意识地促使预期结果的产生，预防不好的结果产生的程度。较高的掌控感有利于维护老年人的身心健康。

作为普通老百姓，每个人的掌控感都不一样。如果他是一个企业的总经理，他可能掌控的是企业；如果他是一个艺术家，他可能掌控的是艺术领域的话语权。大家不要有一个误区，觉得普通老百姓没有掌控权。其实他们做一顿饭，谈一次天，这都是对权力的掌控。

人的心理问题与掌控感有关。我在2019年出的那本《谁在掌控你的人生：破解生命的四大魔咒》书中提到，有掌控感的人通常是心理比较健康的人，没有掌控感的人，通常心理是比较不健康的。在这个社会当中，被别人带着走，跟着别人跑，被动地承受，这样的人基本上都很难保障自己是幸福的。我们今天做心理服务工作，很多时候在讲一个词叫“体验”，因为我们要让每一个体验者都有掌控感。回到老年人服务的问题上面，关键就是要让老年人找回掌控感。

2. 剥夺掌控感的负面影响

现今社会总是剥夺老年人的掌控感，让他们感受到不被重视、不存在。首先，这会造成一些负面的社会影响，像是“老有所为”和“倚老卖老”之间的差别。例如，有时有些人没有那么老，但他们还是会扮演老年人的角色，叫别人让座。对于这种事我的看法是，和上班、加班加了很久的有些亚健康的年轻人相比，谁更应该坐这个位置？当然从普遍性来讲，要尊重、尊敬老年人。

实际上为老不尊和倚老卖老的现象，我们不能只把它看成是一个道德问题。有人说不是老年人变坏了，而是坏人变老了。从心理学上来解读，我觉得我们的社会剥夺了老年人的心理权利，让他们滋生了倚老卖老的心理条件。

其次，剥夺老年人的掌控感会造成家庭关系的矛盾。许多学员纷纷提到，他们感受到父母仍旧对家庭或是对自己有很强的掌控欲，这往往会引起年轻人的反感，觉得父母年老了，不应该再管这么多了，于是就产生了家庭矛盾。年轻人不希望父母过多干涉家庭的事务，老年人则觉得自己原本拥有的权利被剥夺，失去了对家庭的掌控感。

当老年人感觉到自己失去掌控感时，他们可能用很多的行为来表示“抗议”。例如，有学员提到，他的爸爸时常会说身体感到疼痛，时不时会提起谁家的小孩又给父母买了什么东西，指责子女不关心他，或是发牢骚抱怨别人的事情做不好，等等。他们需要的，是感受到自己还是一家之主，自己的想法和感受还是能够得到子女的重视和关心。

3. 掌控感与安全感、专注力的关系

既然掌控感对老年人而言很重要，那么如果老年人不断更新认知结构，专注于新事物的话，是否会影响他们在掌控

感方面的感受呢？

这两者并不矛盾。当老年人突破原有认知，不断扩大自己的认知范围时，他们或许一开始会有无所适从的感受，但是当老年人突破得越来越多，形成了更多新的经验时，他们对环境的适应能力也会越来越强，能够掌控的也越来越多。因此，更新老年人的认知结构，长期来看是有利于提升老年人的掌控感的。

另外一个问题，是掌控感和安全感之间的关系。这里涉及一个关于自然团体和强化团体的相关话题。如果一个老年人去菜市场买菜，那么在菜市场买菜的这些人就属于自然团体，因为人潮随时会散掉，也没有什么团体设置。如果一个老年人生活在养老院里面，他每天的很多活动都是被指导的，什么时候吃饭，什么时候熄灯睡觉，一些生活的规矩是交由别人掌控的，这些就叫强化团体。自然团体是没有要求的，强化团体是有要求的。要求度越高，强化性越强。如果要求度过高，不要说老年人，任何人都会觉得自己被控制，觉得不自由。

为什么人们还愿意加入强化团体呢？原因就是可以获得

归属感，而归属感又是一种安全感。例如，一位老年人作为养老院里面的一个个体，他会感觉到自己是存在的，是养老院里的一分子，跟养老院的老年群体是息息相关的。加入养老院这个群体，不会伤害到他的核心利益，还可以促进他有更多的人际交往。

四、让老年人拥有追求自我的权利

1. 当家做主的母亲

韦志中分享：

以前我不理解我妈妈，甚至因为这个烦恼过。我们家里有三个兄弟姐妹，我大哥已成家好多年，小孩都快要成家了，我自己也已经工作很久了。照理来说，孩子长大成人后妈妈就不需要负责人情往来的花费了。比如说农村里的红白喜事，按照农村的风俗，我们兄弟姐妹来给钱就好了，不需要妈妈再出钱。但是她碰到有人结婚生子，还是会给钱，她一整年的钱都花在这些上面。

我以前觉得很不理解，还跟她发脾气。我说八竿子打不着的远房亲戚，结个婚你也要去。她说怎么会八竿子打不着，那是我的亲姨。我们老家在安徽，家里有地有房，我妈妈种了十几亩地，她现在已经将近70岁了。我跟她说你应该要“退居二线”了，不用操心这些事情了，为什么非要一辈子当家。

直到最近备老年人心理学的课，我才完全地理解了我妈妈。一个老年人退休后，可以没有工作，但是不能取消他在社会中的关系和功能。首先，她还是我的妈妈；其次，她还是需要和亲戚朋友来往。我妈妈一直捍卫的，不是跟别人来往的机会，而是她要建立跟他人的关系，她需要在社会关系中有存在感。她想要按照一个正常人的方式来往，她要有礼，要有钱，要去出席。

一旦退出，她的社会功能和心理功能的萎缩速度就要比她生理衰老的速度快得多。她不想被社会甩出去，她要一直抱住社会存在感这棵树。她还是一家之主，她还是一个有用的人。所以我妈妈其实是在维护自己作为一个正常人的样子，维护自己的社会权利和心理权利。如果她的社会关系全部断掉，和他人不再来往的话，可能很快她就会需要我们照顾。我为此在内心对我的妈妈表示忏悔。我们需要反思一个问题，是谁剥夺了老年人的心理权利？

我爷爷奶奶 80 岁了，不需要我们照顾，他们还种着地。后来有一天，我奶奶上午病了，下午就去世了。她八岁就失去母亲，父亲又再娶妻生子，她就当了大姐姐，照顾弟弟妹妹。她的性格就是不依靠任何人，很有自己的主张，所以她一直在种自己的地。那时候我爸爸弟兄几个就想着帮爷爷奶奶分担一下，她一直不肯。如果分了我奶奶的地，就等于取消了她的社会功能。

春节前发生了一件事。我家里有三间瓦房，有一位小学老师想要租房，他问可不可以租我家的房子。我说这一切都是我妈妈说了算，他说我妈妈让我做主。我知道我妈妈一旦说要我做主，就说明她没同意。如果她想要收这个租金，她早就说可以了。这个房子表面是我在管理，实际上处置权在她那。过年回去我问妈妈租不租，她说如果租了家里很多的东西要放哪里，我就知道她的意思是不租的。她在当着这个家，你得把这个家给她当。对待老年人就要如此。

这么多年，我家里那点事基本上都是我妈妈决定的。但是我真正的人生走向的事，全是由我自己决定。我要学心理学，我要结婚，我要去哪里，我要干什么工作，全部是我自己做主。我妈妈当的家，就是决定哪块地怎么种、房子出不出租、钱怎么收这类问题。她做主的这些事让她认为家里的一切她全部掌管了。这个是很重要的，关键是她体验到了，她还在掌控着她的人生，这就是主动的人生。

2. 参与社会事务的外婆

学员分享：

我外婆是一个工作很忙的人，全面抗日战争时期，她曾是东江纵队的革命战士，新中国成立后也承担了一些政府的工作事务。现在她一回到家就很累，但一出去工作整个状态就不一样了，上场做讲座都是脱稿的，说一大段，气都不喘一口，现在 80 多岁还是这样的，比我们还忙。上午一场演讲，中午吃个饭，不睡午觉，下午继续，直到吃完晚饭再回家。她的社会功能，从来没有因为离开工作岗位而缺失过。相反的是，还有很多人会去征求她的意见。

2016 年，外婆生了一次大病，舌头上长了一个肿瘤，她跟医生说，没事我很坚强的。医生说，就是因为你太“坚强”，拖到现在才来看，现在已经有点晚了，需要立即做手术。医生告诉她最严重的情况可能是割了肿瘤之后，会影响说话。当时外婆以为自己以后真的不能说话了，就交代了一大堆的身后事。家里人听了都挺难过的。可是她真的是很厉害，做了手术后不久就开始说话了。她觉得还有事情要做，还有话要说，所以她就不允许自己变成不能说话、不能做事的样子。人的心理状态，有时候跟意志力真的是分不开的。

3. 对年轻人的启示

有一位学员分享，他的爷爷现在已经失语，右侧偏瘫，但是他会想办法给爷爷制造一定的掌控感。爷爷左边的手还是可以动的，带爷爷出去玩时，这位学员就买气球挂在爷爷身上，让他的手能够握住东西，让他有掌控感，平时还让他用左手自己倒茶、自己拿东西吃，哪怕做一点他力所能及的事情都好。

在传统的孝道中，社会评价子女是否孝敬的标准往往是是否提供给老年人足够的物质享受，往往缺少对老年人到底“需要什么，想干什么”的精神需求的关心。孝顺有其心理学意义，而不只是道德上的遵守，真正符合孝道的行为一定是科学的。这就是科学与文化的实际互动，它并不遥远。

这对年轻人的启示是，除了要关怀老年人之外，最主要的还是要归还老年人属于他们的掌控权，不能剥削他们的掌控权，不能让他们感觉自己的潜力被剥削，自己没有存在感。

另外有一位学员分享，当她把掌控权还给爸爸之后，她不再跟爸爸争执对错，而是由爸爸带领他们全家去建设家庭。在这个过程中，她慢慢发现，自己以前不认同爸爸的那部分，原来爸爸是对的，而且爸爸身上有很多值得她学习的东西，这是这位学员心态的变化。

实际上她也获得一种心理利益，现在这位学员很享受作为女儿、作为一个小女孩的角色，这个角色让她获得被宠爱的感觉；爸爸的父爱也得到释放，会很愿意去满足她的各种要求。这还让这位学员体悟到，我们作为小孩的时间是很短暂的，要好好珍惜父母还能够掌控的时候。

第三节　老年人的情绪及情感特征

一、老年人的情绪状态

情绪是人的一种内在体验，是多种感觉、思想和行为综合产生的心理和生理状态。老年人的情绪状态有 4 个主要特征：一是老年人关注自身健康状况的情绪活动增加；二是老年人更倾向于控制自己的情绪表现和情感流露；三是老年人消极悲观的负性情绪开始上升；四是老年人的兴趣范围变窄，对事物感兴趣的程度减弱。

其中，我们可以看到，老年人对自己的情绪表现倾向于控制，同时他们消极悲观的负面情绪上升，这会使得老年人的负面情绪无法得到宣泄，长期下去会使老年人处在抑郁、低落的状态中。也就是说，老年人需要表达自己的情绪，这样才能够使他们的身心更加健康。

表达情绪的最好方式是什么呢？第一步是认识情绪，第二步是接受自己的情绪，以及进行一些积极情绪的培育，这是对情绪进行管理的最好方式。其实老年大学就挺好，虽然它以学习为载体，但其中的很多课程就是在帮助老年人表达情绪，树立和提升老年人的价值感。在老年大学的课程创新方面，让老年人更多地关切自身的健康状况，并且有更多的交流活动，让老年人更多地关注自己。无论我们使用什么方法，都不要压抑老年人的情绪、情感。这是我们首先要形成的一个共识。

有一首叫《大姑娘美大姑娘浪》的歌曲，其中这个“浪”是人的一种情绪，是一种自由，是一种精神状态，它需要被关注。但是老年人的这种需求往往被压抑，老年人对自己的情绪表现和情感流露更倾向于控制，因为他们害怕“为老不尊”。这种害怕，也有一部分是社会道德绑架导致的。

为什么广场舞会风靡世界？因为这是老年人的情绪表达，这是他们的情感展现，所以他们跳得热情洋溢。它是一种自我个性的展示，背后实际上是群聚情感，也就是他们追求幸福的权利。我们一定要相信老年人获得幸福的能力，一定要想尽一切办法维护老年人获得幸福的权利。

二、老年人的情感特点

1. 自尊感和自卑感共存

自尊感和自卑感共存是老年人最为显著的情感特点。一方面，老年人觉得自己有价值，觉得自己是一个有用的人、一个有价值的人，他觉得自己是值得被人爱的；但是另一方面，他觉得自己已经老了，不能掌控生活了，他就会有一种丧失感，就产生了一种自卑感，因此他便处在一种冲突的状态下。如果他完全自卑，我们可能就按照对待完全自卑的人的方式去对待他；如果他完全自尊，我们也以对待高自尊的人的方式对待他。但是在冲突状态中，他一会儿觉得自己好，一会儿觉得自己不好，这样就很难办。

自尊感是指以他人的言行满足自己被尊重的需要，从而产生的一种情感。自尊感不是自尊。自尊是人的一种品质，一种心理状态。而自尊感是自己的一种体验，这种体验来源于他人的言行对自己被尊重的需要的一种满足。凡是自我评价积极、自我肯定、自我尊重的人，其自尊感普遍都比较强。

老年人一般都有较强的自尊感，这是一种积极的情绪，可以起到自我约束、自我激励的作用。老年人希望得到他人的尊重，就会在可能有损自尊的行为面前约束自己，以维护自己的荣誉和尊严。自尊感还有利于老年人提高独立生活的能力，减少对他人的依赖。当自尊感的需要得不到应有的满足时，老年人往往以愤懑的情绪表现出来，或是以和某件事、某个人对着干的方式来表达。

自卑感是指个体因过低的自我评价，或自尊感得不到满足而产生的一种情绪。对老年人而言，后者是产生自卑感的主要原因，说白了就是别人对他的态度决定了他老年时期的生活态度。部分老年人离退休后失去了原来的工作关系，就认为自己的权力缩小，权威性和影响力降低或消失，别人不再尊重自己，因此开始自卑起来。

自卑感是一种消极情绪，它会抑制老年人的自信心，使老年人自我封闭、自我孤立、自我退缩，减少社会交往。这就是为什么我们想让老年人出去走走，但他就是不肯的原因。严重的自卑感甚至会诱发老年人自我否定，走上轻生道路。

2. 空虚感与孤独感共生

空虚感是指个体在空闲状态时不知如何打发时间而产生的一种内心体验。也就是说，一个人因对时间的高估，对现实的低估，从而觉得时间太漫长。每天早出晚归，忙忙碌碌，就不易产生空虚感，有事业追求和精神寄托的人也不易产生空虚感。老年人离退休之后，可自由支配的空闲时间多了，如果没有新的内容补充进来，又缺乏自己感兴趣的活动，他们就会感到百无聊赖，时间难熬。空虚感是一种消极情绪，容易引起老年人失眠，让他们对周围事物丧失兴趣，甚至对人生感到悲观失望。

孤独感是指个体由于社会交往需求未得到满足而产生的一种内心体验，也就是说他没有和他人建立良好的关系。没有人际交往，他就会感到孤独。我们说一个人做错了事，我们会罚他面壁或禁闭。面壁或禁闭就是不让他和别人交往，这实际上是一种很残酷的惩罚。因为人有与他人交往的需求，需求没有得到满足，人的精神状态就会很差。

人的孤独感是很难面对的，孤独感是老年人常见的消极情绪。一个人若与他人没有情感连接了，自己的内心不再丰富充实了，也没有事情可以做了，这种状态就是我们说的“活死人”。“活死人”就是孤独的人。

造成老年人孤独感的原因有很多种。有的老年人因为退休，社会交往降低，交往圈子缩小，容易产生离群后的寂寞；有的老年人因为丧偶、亲朋好友生离死别的强烈刺激，而陷入沉默寡言、长期独处、与世隔绝的状态；有的老年人则是因搬迁、和子女分居而失去谈话的对象；许多离退休在家、丧偶、与子女分居等的空巢老年人，常常因感觉与社会脱节，无法获得社会认同而常常感到孤独。

以第一章那位学员的爸爸为例，为什么那位学员一直想要爸爸走出去？因为我们能从她和爸爸的互动中，看到爸爸越来越孤独，越来越空虚，有种不被理解或者被抛弃的感觉，产生不合群、不被他人理解的孤独感。所以我们内心里产生了一种焦虑，这种焦虑就演变成指责他为什么不出去的行为。

我们不能和老年人一起陷入孤独。以我们做心理咨询时的事件为例，一个孩子说他的妈妈去世了，爸爸出去打工了，不要他了。我们听到之后，会产生一种什么感觉？会产生和他一样的无助感。他在面对这个世界时，已经觉得自己无能为力了，而我作为他的咨询师，体会到他的感受，也会产生无助感。那化解无助感的方法是什么呢？我们可能会很快想找到一个技术、一个方法，想找某种道理去说给他听，但是这个方向不见得是最对的。

我们也许应该先去接受他的孤独感，接受他内心里面这种无能为力的感觉，并且把自己的无能为力的感觉告诉他。其实这个时候这种无能为力的感觉可能更有力量，它会让来访者体会到咨询师是真诚的，他会产生被理解的感觉。别人都告诉他“你可以的”，他就觉得没有办法，现在终于碰到一个也没有办法的人，他感受得到了支持。

这是深度的共情，有助于他接纳自己现有的问题。所有的心理咨询，1/3 是化解问题，另外 1/3 是升华问题，还有 1/3 是接受问题。并不是所有的心理咨询都能解决问题。

接着，我们要去体会爸爸的行为，虽然他没说，但是他的行为已经说明了他的正直，以及面对这样的一个情况，他真的无能为力。为什么他要跟别人吵架？因为他还不妥协，这说明他是一个坚持自己的人，他并没有放弃对生命的原则。面对这个无能为力的世界，很多人都投降，他还要较这个真。他真的是为了个人情绪较真吗？他捍卫的是什么？是他这一生一直坚持的价值观。

这个时候他发现所有的人都不能理解他，他感觉到很孤独。如果我们能体会到这一点，就会发现这个爸爸值得我们去理解，甚至有一些值得我们去崇敬。因为这种人少，这个世界缺少管闲事的人，这个世界缺少坚持自己见解的人，这个世界敢于对困难和对邪恶说不的人已经越来越少了。

不要以为那位爸爸只是为了自己家的房子漏水去跟别人吵架，我们需要深刻地理解到他的孤独，因为所有的人都不能理解他，因为大多数人都向命运妥协，包括他的兄弟们。老年人的孤独感和空虚感往往是他们的心里有一些坚守的东西，而我们并没有真正地去认同，更不要说深度地去共情。也许他们坚守的一些东西是正确的。

3. 衰老感和怀旧感同现

衰老感是指个体面临正常生理衰老现象，产生了自己“老而不中用”的心理体验。那首河南坠子里唱的就是老年人因感觉自己老不中用而被嫌弃，其实孩子不可能恨他恨得要死，但他就是产生了这样的心理，这种老不中用的感觉就是他的衰老感。

这首河南坠子先谈的是老年人牙齿掉了，吃不了饭，一噎着便可能随时就过了阴阳关；上床如同爬泰山；头顶没头发，怕风寒，风正旺，冻着头；止不住流鼻涕，听不见也看不见。这讲的是身体的衰老。随着年龄的增长，老年人感知系统的结构和功能都要发生衰退变化，感受性的降低会对老年人的生活质量产生一定的影响。之后讲到衰老后他的心理体验，就是他总觉得被人嫌，老不中用。

怀旧感是指个体面对老年期的处境，产生的对年轻时代或故人故物感到怀念的一种心理体验。老年人的怀旧是一个不可避免的过程。这种怀旧感是中性的情感，如果不加以升华，它也可能会变成消极的情感。因为那些记忆可能会使老年人恍惚，感到失落，他会觉得这一切都已经过去了，再也不复返了。但怀旧也有积极的意义，老年人可以对未尽事宜进行盘点，对心里过不去的事件进行情绪宣泄，解释和修通过去的人生经历，达成反思和人生的整合。

要对这种怀旧感加以升华，就要有正确的心理认知。像我的奶奶，她认为自己的价值就在于生养了这一群孩子，儿孙满堂，她为这个家鞠躬尽瘁。从这个角度来看的话，任何一个老年人，他在人生的道路上都有功德，都有价值。

第一个价值是繁衍后代。第二个价值是养育儿女。第三个价值是保持了作为人的一种礼节。然后才是其他的，他为社会做出的贡献，如教书育人，做一个单位的工作者，做一个社会的管理者。找到自己的价值感，老年人的怀旧感就会上升到有积极意义的方向，在衰老感上的消极情绪就会被消解。对老年人的心理服务，就是对其人生意义的转换与升华。

第四节　老年期的人格发展特征

一、老年期的人格类型

美国学者莱卡德、利夫森和彼德森按人格的调适状况将老年人分为成熟型、摇椅型、防卫型、愤怒性和自怨自艾型。

第一种是成熟型的老年人，这类性格的老年人多数事业有成，能够客观地看待事物。他们热爱生活，顺其自然，有见解，善于分析问题，富有创造力，具有自觉、坚毅、果断这些积极心理品质。他们淡泊宁静，经常处于愉快的情绪状态。他们可能还会经常在社会上做一些事，表明自己老有所为。

第二种是摇椅型的老年人，这类性格的老年人对人的发展变化顺其自然，他们安于现实，能够较好地适应退休后的角色，选择适合自己的休闲方式。他们的依赖性比较重，期待得到社会和家人的照顾。例如，他们在公交上请别人给他们让座，认为老年时期是应该享受社会福利的时期。他们可能会有一些日常娱乐活动，如打麻将、跳舞、旅游等，总体上过得知足常乐。

第三种是自卫型的老年人，这类性格的老年人会对很多事情的发展变化奋力争取，但不愿正视衰老这一不可抗的自然法则。他们很多人还是不服老，对衰老存在恐惧感，常常会调动心理防御机制来对抗老年期自尊的丧失。他们独立性强，有很强的自制力，经常处于紧张戒备的情绪状态，凡事力求完美。像我的妈妈，年老后她还是把自己当成一个社会正常人，还是一家之主，凡事都要靠自己，事事都要管、要经营，常年坚持“战斗”在第一线。

第四种是愤怒型的老年人，这类性格的老年人往往把以往的失败归咎于外部因素，从而迁怒他人和社会。他们对社会的一些变化，对新事物都看不惯。他们容易对他人发脾气，人际关系比较紧张，自制力差，常抱有对立情绪，对人、对事难以宽容大度，以自我为中心，兴趣比较狭窄。这样的老年人往往认知上有一些问题，很难有人、有事让他们开心起来。

第五种是自怨自艾型的老年人，这类性格的老年人和愤怒型的老年人的不同之处在于，愤怒型的老年人是向外归因失败，而自怨自艾型的老年人往往归因于自己，从而产生深深的自责。他们多数一生坎坷，或疾病缠身，或境遇不尽人意。他们将所有的不幸归因于自身，怀有负罪感和自责感，遇事顾虑重重，胆小怕事。情绪上则常常表现为长吁短叹，郁郁寡欢，萎靡不振，陷于沮丧悲观之中。老年抑郁常常跟这一类人有关。

二、埃里克森人格发展阶段论

埃里克森是“人格发展八阶段论”的提出者，也是知名的心理学家。他提出，人的一生分为八个阶段，每个阶段都有一对矛盾和危机。成功解决了危机，个性发展就会顺利解决；否则，个性等某些方面就会发展困难。老年期的矛盾在于自我整合和绝望感，充分解决这个矛盾的老年人会有一种圆满感，对自己的一生感到满意；不充分解决的话，则会感到自己没有价值并会沮丧。在这个阶段，老年人容易体现出自身人格上的冲突。

在八个阶段的基础上，埃里克森曾经设想过人格发展阶段理论是否存在第九个阶段。他的妻子尝试着描述了第九个阶段的特征，她将这一阶段称为“老年超脱阶段”。具体表现为：对生命、世界和宇宙有广阔的视角，超越自身，超越当下；超越物质、理性的世界，与精神、信念、信仰和希望相系。老年超脱阶段可能是人类发展的最后一个阶段，它能提供内在的平静、生活的满意、精神的满足和从每天对自身和其他人的关心中脱离出来的自由。

三、皮克的人生后半期七阶段发展论

美国老年心理学家皮克专门对老年人性格变化的阶段进行了研究，提出了“性格变化七阶段论”。他把人的后半生分为七个阶段，这七个阶段划分的标准不是年龄，而是人的社会心理特征。到了每一个阶段，人在心理状态上都会有一种转化。一般来说，前四个心理转化阶段处于中年期；后三个心理转化阶段处于老年期。

第一阶段：尊重智慧胜过尊重体力。人到中年，体力逐渐下降，精力不如以往，而人生的经验与智慧却日益增长。因此，进入中年期的人，往往更加重视并充分利用自己的经验与智慧来适应社会的需要，他们不再倾向依赖体力来有效地工作。对于老年阶段的人而言，阅历是他们宝贵的财富。

第二阶段：社会的人际关系胜过两性的人际关系。伴随着年龄的增长，老年人往往不再把异性视为性对象，而是看作朋友，并且努力发展新的、更具深度的人际关系。老年人在这一阶段，会更看重知己的价值。

第三阶段：情绪的淡漠胜过情绪的丰富。进入这一阶段后，老年人从过去丰富的情绪中慢慢走向平淡，对于社会上的热门话题、热门人物、热门活动开始缺乏兴趣，显得很是淡泊。他们开始将自己的心力转向内心世界。

第四阶段：心理上的刻板性胜过随和性。经过几十年的漫长生活，老年人逐渐固定了对外界事物的态度，形成了比较模式化的思维和行为方式。这时，老年人的心开始有闭锁的倾向，不易接受新的理论或思想，整个人变得“顽固”起来。因此，这一时期的老年人需要努力保持心理上的随和性和开放性，这样有利于其适应老年期的生活。

第五阶段：关心自己胜过关心工作。人在年轻有工作的时候，一般会把工作看得和自己一样重要，十分有事业心，希望在工作领域打出一片天地。然而离开了工作岗位之后，老年人开始变得更加关心自己，形成了新的衡量自己价值的标准，这个标准与工作的业绩无关。

第六阶段：关心身体健康胜过关心心理健康。年轻的时候，身体一般没有什么问题，所以一般人更关注心理上的快乐与痛苦；而到了老年，人的体力衰退了，身体健康经常出问题，于是老年人往往十分关心自己的身体健康。相对来说，老年人对自己的精神生活不一定那么在意。这个时期的老年人可以增加社会交往，充实自身的心理生活。

第七阶段：以自我超脱来战胜对死亡的恐惧。老年人如果开始预感自己即将面临死亡，并对死亡产生恐惧感，可以借由"自我超脱"来减缓对死亡的恐惧。他们通过继续为社会做贡献，如帮助他人、加强友谊等，使自身度过一个充实的晚年。

皮克所提出的人生后半期性格特征的七个阶段理论，为老年人保持心理协调、顺利地度过晚年提供了重要的启示和标准。在人的一生发展中，必然会在各个阶段遇到矛盾与挑战，因此，在生命周期的各个阶段，做好充分的心理准备，是十分重要的。

第五节　老年人生发展阶段

一、自我建构两阶段

人生的自我建构有两个阶段，上半阶段是作茧自缚，下半阶段是化茧成蝶。

每一个人的人生重要任务就是建构自我，不断地建构自己的安全感，让自己活得有意义，觉得自己有价值，值得被爱，值得被拥有。所以人要创造财富，创造自己的价值。

中国人的自我，与西方哲学和心理学中自我的概念有所不同。以社会建构论的角度来说，中国人主张“人是关系的自我”，因此人们往往通过某种人伦和社会角色，才能获得自身的属性和意义。建立人格和自我形象，也需要他人的评价、自身的职位。这个过程就好像建房子一样，我是有用的人、我是别人喜欢的人、我是一名老板、我是一名商人、我是一名企业家、我是一名老师……总之就是不断地建构。建构自我，实际上就是建构自己的经验体系。

但是“成也萧何，败也萧何”，建构成功了，实际上也是另一种失败。也就是说，一个人的经验越丰富，就意味着这个人越来越僵化、刻板，越不能创新。就像我们做心理学研究一样，一开始什么都没有，学什么都可以。但是随着自己有了一套理论体系，外部的知识和新的资讯无法再进入，这就是所谓的作茧自缚。“作茧”是为了保护自身安全，但最让人担忧的就是没有办法再从茧子里面出来。生命真正的意义是什么？不是在于躺在温柔乡里，感到安全就好，而是在于飞翔，要化茧成蝶。

以人生的两个阶段来说，很多人有可能始终停留在“作茧自缚”的阶段，直到他差不多要离开这个世界了，还是住在一个“四面透风”的房子里。“四面透风”是一个比喻，形容一个人在社会中还没有感受到安全。例如，还没有建构好一个好的人际关系，像是找到一个伴侣结婚，也并没有多少人真正地尊重他。从这个角度来讲，这个人连“作茧自缚”的阶段都没有完成。所以大家都要拼命地读书，拼命地赚钱，拼命地实现自我。

对年轻人而言，不管现在房子多么“漏风”，至少还可以不断地添砖加瓦，还可以对未来抱有希望。但是对老年人而言，最害怕的事情就是他的一生在自我建构方面确实是没有成功的。没有成功分为两种，一种是他本身真的没有成功，比如说在事业上没有能拿得出来的成绩，在关系上从来没被人尊重过，也没有被人倾听过。这是一个现实。还有一种是他本身不错，儿孙满堂，一生当中创造了很多东西。但是他内心里不是这么认为的，他的心理体验和现实情况不同。他认为自己不成功，人生有遗憾，他不能心安理得地安享晚年。总体来说，后一类老年人更容易出现情绪问题，更容易在自我认知上出现问题，更容易在晚年的时候出现各种心理症状，更容易出现各种身体和心理的疾病。

从这个角度来解读成功人士，他们不光是做到了作茧自缚，而且做到了化茧成蝶。一个人年轻的时候使劲努力创造，到了五六十岁的时候，自己已经退休了，子女已经成家了，如果还是放不下，还是要事事都由自己管理，这样他就不能化茧成蝶。但如果他能够不受制于功名利禄，做一个自由的人，让心灵自由飞翔，这就是化茧成蝶。

二、自我发展六阶段

儒家思想中，讲到人一生的成长，说的是“三十而立，四十而不惑，五十而知天命”，也就是说，人在每个阶段要做相应的事情。

在《周易》中，八八六十四卦里的第一卦就是乾卦。乾卦就分六爻，即六个阶段。以下基于中国传统文化，以《周易》的乾卦“潜龙勿用”“见龙在田，利见大人”“君子终日乾乾”“或跃在渊”“飞龙在天”“亢龙有悔”来对应分析人生发展的六个时间段。

1.25 岁前：潜龙勿用

“潜龙勿用”的意思是龙潜在水下，不要发挥作用，不要锋芒毕露，不要试图去做一些事情。这一阶段就是学习，只往里装，不往外掏，不去展示。以一个心理学工作者的发展路径为例，他大学本科读的是心理学，那么这个阶段的任务就是好好读书。过去十五六岁都已经可以出去考进士，求取功名了，但现在我们可能到二十四五岁还在读硕士研究生，所以在这之前的重要任务就是学习。

2.25~30 岁：见龙在田，利见大人

这 5 年的时间，要用来闯荡，到处寻找机会，做职业规划。见龙在田，见是“看见”的见，可以跳出来在田野里面让别人看见了。“利见大人”的意思是什么？一个心理学工作者，这个时候可以开始去拜访一些能够帮到你的人。例如，用这 5 年的时间，尽可能多地拜访优秀的心理学家，跟他们约谈，问他们多年来在心理学道路上成长的途径。这比参加各种培训班更有效。不光拜访心理学家，还可以拜访心理学的经营者、管理者。当你看到足够多的机构，看到足够多的心理学家之后，你才会发现你真正想要做什么。

人的一生没有好好地活过，到老了的时候就会出现许多的遗憾和问题。为什么有些人明明四五十岁了，会表现得像个十八九岁的小年轻一样，原因是这个人没有十八九岁过。所以为什么我们不愿意老，为什么我们到了一定年龄不愿意干那个年龄的事，是因为我们还没有经历过年轻人该过的生活。

3.30~40 岁：君子终日乾乾

到了 30 岁的时候，人会开始安定下来，这叫作“三十

而立”。“终日乾乾”就是只问攀登不问高，每天努力干活。从30岁一直干，看准一个目标，“面朝黄土背朝天”地使劲干。十年时光，你就积累了经验，在自己的领域中出名。假如说你是一名培训讲师，你从30岁开始讲课讲到40岁，每天讲，每年讲，一年讲两三百场，写很多文字，有做不完的个案。这段时间，都在为后面的飞黄腾达累积实力。

4.40~50岁：或跃在渊（龙跃于渊）

此时，龙开始飞翔了。40岁左右的时候，你可能在企业里是个部门经理，自己当老板的话是个店长。这个时候应该当仁不让，敢于承担社会责任，哪里有需要就往哪里跑，为社会解决问题。为自身的发展，也为这个时代去承担责任。

5.50~60岁：飞龙在天

“飞龙在天”比喻事物处于最鼎盛的时期。从人生发展阶段来看，就是处在重要的位置上，像是公司里的总经理，这时人们大都已经处在功成名就的时期。人一生当中最高的成就往往在此时获得。

6.60~70岁：亢龙有悔

最后一个阶段是“亢龙有悔”，是指升腾到极限的龙会有灾祸之困。这是警诫人们，身居高位的人要戒骄，否则会失败后悔，在儒家思想中，这种状况被称为“德不配位”，指的是一个人自身的德行无法与他所处的社会地位及享受的待遇相匹配。德不配位，必有殃灾。因为他们之前在飞龙在天的阶段时，德行不够，从而导致了此时心理上的压力。

我接待过好些这样的咨询案例。我曾经在做心理咨询的时候碰到一个人，他在一个大型公司内工作。他在最发达、最风光的时候，没有把自己的利益分给他的伙伴而选择了自己独占。等他从位置上退下来的时候，他曾经的伙伴打官司起诉他，把他送进了监牢。他很害怕，后来放弃了利益，才被放过一马。后来他的心理开始出现问题，睡不着觉，患上惊恐障碍，随时担心自己会惨死在别人面前。这不属于精神疾病，而是一种精神上的压力。

不管做什么工作，人总有退休的时候。人最害怕的是把平台、身份当作自己的能力。所以这一类人一旦退位之后，没有了平台之后，别人对他们的态度立即就会发生转变，这会导致他们在心理上无法适应。

三、发展阶段带来的启示

第一，经过以上人生发展阶段的说明，我们可以总结出一个规律。每个人都有自己的人生规划，人生就像一棵树，生长，开花，结果。老年阶段就好像走到了结果的时候，现在所拥有的东西都是年轻时期慢慢累积下来的果实。往往前一个阶段做得好，后面的一个阶段就会顺利。一开始只要“潜龙勿用”，积累好了知识，第二个阶段就会顺利。“见龙在田，利见大人”，这个阶段见到了重要人物，找到好的道路，树立好的目标和理想，然后去追逐，就会进入“君子终日乾乾”的时期，“龙跃于渊”自然就会到了。“龙跃于渊”之后就会有“飞龙在天”，当然这个阶段不是所有的“龙”都会“跃于渊”，还有一个“龙跃于湾”，如果没有前面“君子终日乾乾”的积累，结果就是“飞不上去”。实际上，人生的失败怨不得任何人，完全都是自己一路走来的结果，只有自己按照生命的规律去走、去做，才能开创自己的“飞龙在天”。

第二，老年人的心理问题和他本身怎么经历这六个阶段有关。对于那些有心理问题的老年人，我们要想分析为什么他会有目前的状况，得看到他年轻时的人生规划中，有哪些没有做到的地方，要理解老年人的欠缺感是什么。

我们从这个角度理解老年人现在的行为，以及他需要的服务。当我们对于人生发展阶段有所了解时，我们就可以帮老年人去做下一阶段的职业规划。遗憾可以弥补，一切都为时未晚，只要活着就还有机会。

第三，年轻人的教育，或者说是全民教育，要按照人生的发展阶段走。做这件事要抓紧时间先下手为强，这样等现在的年轻人老了之后才能老得其所、活得快乐。否则当我们成了难伺候的老年人，而不是为子孙后代留下财富时，这就会成为一个社会问题。

第四，在老年人研究的过程中，我们可以不断地产生与青少年成长问题对应的例子。这可以帮助我们从人的一生，即过去、现在和未来的角度去看待心理学的服务。

四、老年人幸福生活守则

“老年守则”是著名的社会学家费孝通先生提出来的，

它反映了老年人的积极的人性观。我们根据费孝通先生的观点，提出普通老百姓都适用的“老年人幸福生活守则”，即让老年人心理健康、人格健全与成熟的标准与对策。

第一，“活到老，学到老，力求不断更新自己的精神面貌和业务水平，不要成为社会前进的绊脚石”。

第二，“得之于社会的还要还之于社会，把自己的学识尽可能地交给下一代，为自己从事的事业培养好接班人，不要使学识财富殉葬”。老年人智囊团，这两点会在后续的具体操作技术和方案中详细说明。

第三，“确保晚节，力求在永息之刻心安理得、问心无愧。天下固然没有无瑕之白璧，但一生做事要力求洁身自好，不留遗憾”。

第四，“天天锻炼，力保健康，争取长寿”。

第五，“为儿女做个好榜样，不要为他们的物质享受多费心计，要从怎样能培养他们靠自己的力量克服逆境来打算。给他们财富和地位、留遗产是害了他们”。

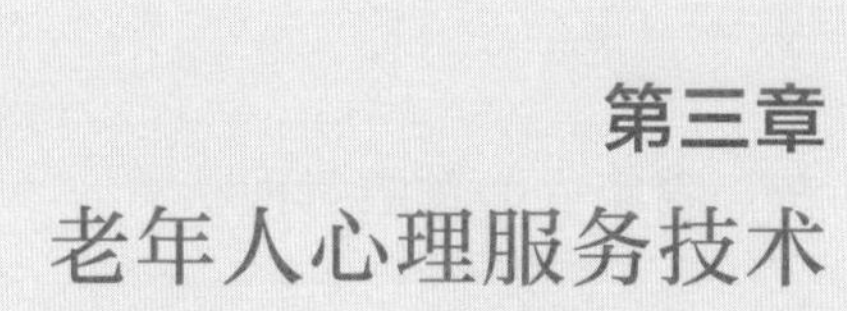

第三章 老年人心理服务技术

这一章主要根据前一章提及的老年人的生理—心理发展变化特征，提出具体的、可操作的老年人心理服务方案。目前的老年人心理服务还有很大的发展空间，老年人心理服务应从发展性和干预性的角度出发，重视老年人的心理体验。除了传统的个体咨询和团体辅导以外，我们的老年人心理服务应围绕着提升老年人的积极心态，让老年人老有所为，有良好的代际沟通。

第一节　老年人心理服务方向

一、老年人心理服务现状

目前大多数已经开展的老年人服务，还停留在吃饭、穿衣和护理层面，没有开展心理层面的服务。老年人心理服务这块，我们还是有很多可以做的工作，因为之前都没有真正探讨和深入。目前的老年人心理服务还没有真正地形成老年社区的概念和模式，这反映出在老年人心理服务上面我们是被动的。

回到心理治疗的层面，目前老年人的心理服务、心理研究，大都是指导性、说教式的内容，要老年人注意保暖、防治疾病、乐天知命、知足常乐，教导老年人应该怎样保持好心态。但是这些内容没有办法解决具体操作层面的问题。因此，我们需要根据前两章指出的老龄化社会面临的问题以及老年人的身心发展阶段特征，来提出具体可操作的老年人心理服务方案，建设老年人服务的新模式。

二、老年人心理服务的发展性与干预性

在老龄化的大背景下，目前老年人的心理服务模式，我们还是以治疗性的角度去看待，还没有建立起老年人心理关怀的服务，没有以发展性和干预性的角度面对老年人的问题。

老年人的问题是发展性的问题，不能以治疗的视角来看待。比如说人在青少年时期，就有自我膨胀的心理，就好像一棵树在长大的过程中，会把周围的土地撑大撑开。这不能

看成疾病，而是人在自身心理发展的过程当中的正常表现。

那么老年人的心理状态呢？当一个老年人退休之后，他的社会角色发生变化，这个时候他表现出来的不良情绪，是他在发展过程中出现的问题。

由此可以看出，对老年人进行心理服务，应该参照发展性的心理学服务模式，而不是治疗性的。不能把发展看成一个被动的过程，许多发展性的变化都需要个体积极地与所处的环境进行交互。

老年人心理服务与关怀采用的不是问题模式，而是积极心理学积极干预的模式。第一，老年人是有用的，不能只把老年人看成负担，他们有着非常丰富的经验和智慧，可以进行再创造。这就是积极的思维，人本主义的思维。

第二，不把老年人的状态疾病化和问题化，认为他们需要治疗，而是把他们的状态看成他们在这个发展阶段的正常现象，给予他们陪伴和支持。

第三，运用积极心理学的技术进行有效的干预、调整，而不要去改造老年人。干预，就是你做一些积极的行为，可能它会带来积极的改变；不做干预，它可能会带来更加消极的改变。

三、重视老年人的心理体验

我们不要夸大一些心理问题，也不要忽略一些问题。有一些问题对我们而言不是问题，但是在当事人身上可能是很大的问题。就像你在路上碰到一场车祸，你可能当时感到无比震惊和痛惜，但这只是暂时的，因为它影响不到你切身的安全和利益。但是在当事人身上，这就是非常大的事情，那个出车祸的中年人，他的孩子、他的妻子、他的父母，所有跟他有关的人，他们的命运都可能发生重大改变。

之所以会有“站着说话不腰疼”的说法，是因为我们真的很难设身处地为别人考虑。既然我们做不到百分之百地共情、设身处地和客观看待，那么我们所要做的就是尊重、接纳，接纳别人和我们不一样的体会和感受。在还没有弄清楚发生什么的时候，我们最好先接纳。

我们不断在强调人的体验大于事实，他发生了什么的确重要，更重要的是他体验到了什么。也许你没有骂他，但是他感觉被侮辱，这就是他的心理体验，这个是非常重要的。

所以你不能把精力和方向放在解释自己并没有骂他，试图改变他没有被骂的这样一个认知，而是应该先去看看他体验到的被骂的心情是怎样的。一个人真实经历了什么很重要，但他的心理体验更需要我们去关注。

心理学不是考古学，心理咨询师不是侦探，不需要去查清事实，而要去关照人的心灵。有一些小事，一些在我们眼中不起眼的事，往往会要了一个人的命，就像是一根鱼刺就能卡死一个人。也许我们很难理解，一些很小的事为什么会让人采取极端的行为。但是对当事人来说，那一根“鱼刺”算什么呢？就是卡在喉咙上最大的一件事。

如果没有办法解开一件小事的心结，它就会变成一件很严重的事。我们不能忽略任何一个人的心理体验，也不能过度夸大，不夸大的意思是说当这个结解开了之后，也就变得没那么重要了。

总结来说，每个人的内心体验，才是我们真正要面对的东西。特别是老年人，他们的内心体验可能跟年轻人不太一样，他们的身体状况不同于年轻人，跟年轻人的价值观、判断体系亦有所不同。老年人的内心体验有其特点，我们要根据他们的内心体验积极引导。空虚、寂寞、自尊与自卑，这些都是老年人真实的内心体验。这为老年人心理服务工作者指明了方向，不要老说事实，不要老说行为，先去考虑老年人的内心体验。

四、理解老年人的心理动机

为什么你要相信善良？因为相信人性本善，符合我们自身的幸福利益。同样地，为什么我们要相信老年人？这是因为相信老年人符合我们获得愉悦和安心的心理需要。就像相信爱情就会有机会一样，所以要相信美好、心存美好。老年人心理服务工作也是这样，不能以消极的眼光去揣测老年人的心理动机。

人性不能以好坏定义，到底是老年人变坏还是坏人老了，这个讨论是个伪命题，根本就没有“坏”这一说。以酸葡萄心理为例，这本质上是一种合理化的心理防御机制。从心理动机的角度来说，人因为想达到目标而产生相应的应对机制。我吃不到葡萄，就要说葡萄酸，我心里才好受。本来吃不到葡萄就是一件很不好的事，还不能让人家说酸吗？

吃不到葡萄是这件事情本身，说葡萄酸是人的心理机制和应对策略。所以，尊重别人就意味着接受他，用他的方式去应对他外部的处境。比如一个人感觉到不安全，就会逃避，把自己包裹起来；或是感到愤怒，要准备战斗。我们要去理解他的逃避和愤怒，这就是他的心理动机。

从心理动机的角度去理解一个人，就不要把它上升到道德层面。这样来看，每个人所做出的行为都值得被接纳，我们就不再从是与非、好与坏、对与错的单一角度去看待一个人、一件事了。在这样的视角下，这些老年人都变成什么样了呢？也许他们在我们眼中就变得可爱了，像小孩子一样狡黠，这个时候你就不觉得他们讨厌，也不觉得他们是与你为敌了。这样的话，我们就可以找出很多老年人的积极心理品质，享受到家里的老年人给我们带来的幸运。

五、老年人心理服务方案设计

在确认老年人心理服务的主要方向之后，关键是在心理服务上面要有一些适应性的策略和技术方法。我们这个社会不缺少真善美，它们就在我们每一个人心中，我们人类的进化过程中，也会有爱的本能，真善美的本能。而除了发挥真善美和爱的本能以外，我们还需要有科学的技术技巧，来理解老年人的行为。

如果要你来写一个老年人心理服务的方案，你会选择哪个主题？这个方案你会大致怎么写？做老年人心理服务方案要回答几个问题：我们为什么要做这个？我们将怎么去做？我们用什么理论去做？我们用什么方法去做？怎么操作？分几个阶段？大概需要多少经费？

从方向、目标、理念落实到具体的技术操作、工作模式，再论证可操作性，能不能做出效果。讨论涉及很多面向的问题，包括适应问题、关系问题、自我价值，每个面向纵横交叉，就会产生很多服务方案。而且每一个方案都解决一个方向，都可以单独拿出来，做一个老年人的心理服务的课题。

在心理服务模式的探索上面，这一些创新性的东西一旦拿去探索、做实验，产生的成果就会非常棒。尤其是立志于老年人心理服务的朋友，大家可以去探索。例如，老年人退休前后的适应性团体方案，可以做成一个研究项目；或是提升老年人的积极情绪，提升他们的满意度，提升他们的兴趣，形成一个积极情绪培育的服务项目；做学科研究的可以写成论文，可以做成项目计划书，做具体服务的可以做成服务模式。我觉得这个主题比较受社会欢迎，因为这个实际上可以大大地减少老年人的负面情绪，提高公众对老年人的心理关怀。

第二节　老年人心理咨询

一、老年个体心理咨询

1. 老年人心理咨询面临的困境

在社会中，老年人寻求心理咨询的比例是非常小的。在这几年举办网校的过程中，我发现喊得最“响”的社会问题是儿童青少年议题；而来做咨询的，包括上网校投入时间最多、付款最爽快的，是有婚姻问题的人，不是那些老年人。

现在的老年人心理服务在政策上更依赖国家推动，但在实际执行上，大多数还是由家庭承担。因此，要是告诉老年人一个小时的心理咨询费用，大多数老年人都会望而却步。另外，老年人对于心理咨询的认识也不足，对于心理学存在一些迷思和误解，将心理疏导笼统地看成是有精神疾病去寻求治疗，这也导致老年人不愿意接受心理咨询。

老年人遇到心理健康问题时，他们寻求外界支持的主动性是相对偏低的。第一，心理保健知识对老年人普及不足，使得老年人对自己的身心症状不了解，不知道有些问题可以预防和治疗。第二，社会心理服务体系不完善，老年人身边缺乏可信任的心理咨询机构，机构缺乏专业的心理咨询人才，这些也降低了他们寻求心理咨询帮助的意愿。

2. 老年人发展阶段特征与心理咨询

老年人并非没有心理咨询的需求，他们依旧有许多的心事需要找人交流。老年人的心理咨询，需要根据老年人的发展阶段特征，结合不同的学派理念来实行。

以现实疗法来说，现实治疗强调人的行为是由他们自己选择的，人要负起自己的责任。在心理咨询的过程中，探讨个案的需求与知觉，评估他们为了达成目标采取的行为的有效性，协助个案承担其选择的责任，之后与个案一起制订怎么样可以做得更好的计划。一些老年人容易沉浸在过去，对于当下的现实感到不满或是无力，或是要求他人做到自己想要做的事情。现实治疗的方法可以协助老年人面对当下的现实，去思考怎么做可以让眼前的生活过得更好，而不仅仅是把自己的责任推卸给他人。

以格式塔完形疗法来说，人应该把精力集中在当前的生活与感受中，而不是一直对过去的事情念念不忘。健康成长的一个重要手段，就是完成内心那些未完成的情结，这通常是指个人因以往生活中的某些心灵创伤和刺激所留下的不良情绪体验。完形疗法特别适合于受压抑的个案。一些老年人活了一辈子，生命中难免有一些遗憾和未尽事宜。完形疗法可以协助老年人消除过去的一些心结。

借鉴人本主义的个人中心疗法，我们可以发展出长者中心疗法。这个疗法强调对人的正向看法，相信人能够完善自身的功能运作。长者中心疗法并非一套治疗技术，不是诊断、指导和说服，而是强调跟老年人建立良好的关系，强调对老年人的了解和关怀。很多时候，老年人并不需要我们告诉他们要怎么做，他们需要的是有人能够认真倾听他们说话，理解他们的处境，让他们感觉到自己是被人理解的，不是孤立无援的。

以叙事疗法来说，其重点并不在于治疗师作为权威将个案问题化，而是引导个案讲自己的故事，在讲述的过程中让个案用不同的视角看待故事，把自己和问题分开，重新赋予故事积极的意义。在日常生活中，老年人常常被贴上消极的标签，这会降低老年人的自我认同，让他们沉浸在问题化的视角中，不认为自己有能力改变现状。重构老年人的故事能够帮助他们找回信心，增强他们对生活的掌控感和自我效能。

以焦点短期疗法来说，治疗的焦点在于强调人正向的能量，而不是只看人的缺陷和问题。例如，老年人离退休后不适应的状态背后都有一些正向的期待，如渴望获得自身的价值感、与他人的情感链接等。焦点治疗将重点放在积极地期待未来上，协助个案寻找问题的“例外”情境，强调运用自身的资源和经验来解决问题。老年人有丰富的人生阅历，在挖掘自身资源来找“例外”的思考方面比其他人更加有优势。

以上仅仅是列举目前已有的心理咨询流派技术对于老年人的帮助，做法还是传统的做法，只是每个流派的侧重点不同。总体而言，老年人的心理咨询要注重和他们建立关系，多倾听、多陪伴，不将他们的表现视为问题，而是帮助他们看看可以做些什么，担负起对生活的责任。老年人心理服务、心理咨询一定得符合老年人发展阶段的特征，我们要进一步探索老年人的心理咨询技术。

二、老年团体辅导

相比起个体咨询，团体辅导更普遍适用于老年人群体。团体可以将有共同需求的老年人集合在一起，扩大了受益面，这种形式也较容易被老年人接受。

然而，早期的中国老年团体比起辅导功能，更加注重社团性和娱乐性，多以给老年人举办娱乐活动为主，很少传授老年人需要的知识，或让他们进行感情交流。也就是说，老年团体没有被作为促进老年人发展的手段。因此，在社区里的老年社区活动中心，我们可以根据老年人的议题组织团体。

1. 适应力提升团体

前文提到有大量的“老漂族”来到城市之后存在适应不良的状况，那么我们就可以举办提高老年人适应能力的团体。让老年人可以抱团取暖，诉说自己的故事，通过怀旧回顾他们过往生活中最重要、最难忘的事件或时刻，进而重新体验快乐、成就感、尊严等多种有利于身心健康的情绪。

适应力提升团体可以采取互动模式，让老年人互相之间交流，谈谈在新的环境中有什么不舒服的地方，跟在原本的家里有什么不一样。通过小组成员之间分享生活经验和聆听彼此的感受，老年人可以感到自己在团体中是被关注的个体。当老年人聚在一起时，若是彼此之间有相似的感受，也可以产生共情。

2. 关系链接团体

除了适应力提升团体外，也可以举办关系链接的团体训练活动。有些老年人随着同年高龄朋友们的相继去世，他们的人际关系削弱，社会功能就会逐渐弱化。因此，他们可以通过团体中与人交流、互动的机会，来重建自身的人际关系。

也可以针对老年人在意的主题让他们进行探讨交流，如他们的人生事迹、跟子女的关系、婆媳交流的方式等。这样的话，老年人可以在团体中将自己的一些困扰和问题拿出来与人讨论，这既有助于解决他们的困扰，又能够促进他们与他人的互动。

3. 怀旧团体

怀旧治疗有助于缓解老年人的抑郁情绪。将生活在相同年代或是有共同经历的老年人组成一个小团体，如都是生活在五十年代的老年人，或是都有丧偶经历的老年人。这样，他们可以互相给予对方支持和情感慰藉。

进行团体活动，可以以承载老年人记忆的物品为载体，如一张照片、一封信、一个纪念品等，只要是对老年人有深刻意义的物品都可以。让老年人畅所欲言地讲述这个物品背后的故事，还原当时的经历和情绪体验，进行人生经验的整合。

4. 团体注意事项

值得注意的是，举办团体辅导时，需要考虑到老年人为何要来参与团体。人的状态发展就像一年四季，春生夏长，秋收冬藏。春天的时候人处在扩张阶段，秋冬的时候处在藏与收的阶段。老年人在人生阶段上处于秋冬时期的状态，要如何让老年人在“收”的阶段“扩张”，是我们需要思考的一个问题。

另外，团体在进行的过程中可能会碰到各种问题。有些老年人听力不佳，需要很大声讲话才能让他们听见；或者有些老年人会过于健谈，一开讲之后就停不下来，且难以围绕既定主题叙说。这些都是需要充分考虑且耐心解决的。

第三节　老年人积极心态的提升途径

无论是老年人的情绪管理，还是性格管理，我们都可以以积极心理学为理论背景，运用积极心理学的技术。根据积极心理学的概念，我们提出积极品质练习、积极情绪培育、积极人际关系建设、积极语言和行为的干预、积极环境心理暗示 5 个维度，帮助老年人提升积极心态。

一、积极品质练习

1. 积极心理品质

积极心理学不仅关注积极情绪，而且关注积极品质。积极心理学的主要成就之一，就是建立了一个积极品质分类体系。我们总是说要培养孩子的心理品质，要培养他们的勇气、善良和创新能力。同样地，老年人也有独属于他们这个年龄阶段的心理品质，这不是道德品质，而是积极心理品质，也可以将其理解为性格优势。自尊、好学、善良、宽容、豁达，这几个品质都是非常明确的。

第一点，自尊。我们最讨厌的，或者说相对不那么喜欢的就是那些无理取闹，不接纳、不宽容别人，爱较真、较劲，思想狭隘，钻牛角尖等类型的老年人。实际上，这样的老年人往往就是不要自尊，也就是所谓的“为老不尊”。只要一个老年人还维护自己的自尊，跟他就好交谈，事情就好办。因为他自爱，他会自己要求自己，会约束自己，有比较高的思想觉悟。

第二点，好学，这其中包含好奇心和热爱学习，即获得新的体验、知识的强烈渴望。因为一个老年人只有学习才会更新，有了更新才不会在思考上钻牛角尖，才不会沉浸在他过去的经验和体系里面。

一位学员分享了他爷爷的故事：1935 年，爷爷出生于一个贫苦农民家庭，3 岁失去父亲，全靠母亲一人支撑整个家庭，这使他自小养成刻苦耐劳、勤俭节约、做事认真、为人低调的习惯。1950—1957 年，他高中毕业去参加工作，从事教育事业。退休后为 × 氏家族修了 10 年族谱，并且花了一年的时间自费出书。他是一个非常普通的人，他把自己经历的一些故事，包括小时候祖母讲的故事都记载下来。

如果爷爷不写这样的书，后辈就没有办法去了解他过去经历的事情，可能那些传奇的故事慢慢都会被遗忘。从他的自述来看，他对自己的人生是非常满意的。他的起点并不高，家庭穷苦、3 岁失父，但他还可以靠着自己的努力慢慢获得现在的人生成就。

第三，善良宽容。善良是指为别人做好事，照顾别人的需要。宽容是种特质，与之对应的状态是原谅。这类似于孔子说的“五十而知天命，六十而耳顺”，不管是好听的话还是不好听的话，都能听得进去，也能明辨是非，这样的人往往更加豁达。

有一位学员分享了她奶奶的故事：奶奶自己一个人种菜，自己吃不了多少，全部都是分给周围的人，特别是住在隔壁的邻居。她已经很大年纪，但是很多时候还是会主动去帮助身边的人，慢慢地，很多人也很乐意去帮助奶奶。

另一位学员分享了她妈妈的故事：她的妈妈非常豁达宽容，她的奶奶有一次不小心摔了一跤，妈妈每天上班前就把奶奶背去邻居家，下班之后再把奶奶背回来。生了女儿之后，她觉得很对不起女儿，因为自己的营养跟不上，才让女儿这么矮小。以前她觉得外婆亏欠她，但是现在也原谅外婆了，还对年老的外婆用心照顾。如果能有这样的心境，我们每个人都会充满幸福感。

2. 擦亮招牌

一旦我们知道了老年人需要拥有的积极心理品质，我们所要做的工作就是不要轻易地把他们的“招牌”摘掉。每一个人立于世间，立于社会当中，都应该有一块自己的招牌。这有点类似于《水浒传》里面的一百零八将，每个人后面都插了一面旗，上面写着“智多星”等称号。我们现在做老年人的心理服务，必须要想尽一切办法，帮助我们的服务对象找到他的这块招牌，并且帮他擦亮。帮他擦亮这块招牌，他就不会轻易把它摘掉，因为他要维护他的招牌，就像拥有百年老字号的店家要用心维护自己的招牌一样。

我们要善于发现老年人的招牌，并帮他擦亮，这个不是我们一般意义上的恭维和爱戴，而是真正的尊重。找出父母的 3 个性格优点，这也是在为他们擦亮招牌。扩大到社区，假设我们服务的一个老年人进入我们的学习成长小组，进入养老院，进入社区老年人服务中心，我们都可以给他树立一块招牌，代表一个积极品质，并且擦亮它。

为了让老年人找到对自己的掌控感，子女可以帮助父母澄清他们的积极品质。比如，画出父母的人生路线图，然后让他们在表现他们优势的地方谈一谈，讲出 3 个他们的积极品质，用 3 个词语来总结。在讲述品质时结合故事、例子说明——我的父母是一个什么样的人，为什么变成这样的人？

以下面这位学员的分享为例，他的爸爸从小在一个穷苦的家庭环境里长大，所以爸爸的第一个优点是有着非常节俭并且不浪费的品格。举个例子，现在很多人熬骨头汤后猪骨就不吃了，但爸爸不会，爸爸每次都会把熬汤后的猪骨啃干净，骨髓也会吸出来吃掉。

第二个优点，他的爸爸是一个很喜欢学习的人。日常生活中的动手能力非常强，家里面的水龙头、电路他基本上都能搞定。年前他给爸爸换了个智能手机，没用他教爸爸自己很快学会了用智能手机。所以其实爸爸也是一个很聪明的人。

二、积极情绪培育

1. 消除老年人的消极情绪

研究表明，老年人采用逃避、抑制和被动依赖别人这样被动的情绪调节策略的情况显著多于年轻人。年轻人有很多事情要做，所以他们不会更多关注到自己的消极情绪，他们每天都会有新的事情要去做，这些新的事情会赶着他们向前走。老年人则不同，他们内心里没有更多的对未来的期盼，没有更多新的东西进入。

为什么人会有消极情绪呢？比如说恐惧，恐惧是人类进化过程中的一种本能情绪，是人感觉到有危险时自然会产生的一种反应，所以恐惧是应对危险的一种潜在能量。

原本情绪并没有积极情绪和消极情绪之分，消极情绪也是有意义的，它的价值在于面对危机时，能够让人有所警觉，及时做出反应。

而老年人的消极情绪开始增多，是因为他们应对危机的能力越来越弱。例如那位学员的爸爸，他以前在教育局工作，现在退休了，有能力没处使，只能在看到新房漏水之后和物业公司去争论。“没有一个人支持我，我能掌控什么？我的女儿和几个兄弟都来说我。就他们的生活是对的，我的生活是错的。”他会产生这种心理。

其实他产生的就是恐惧、愤怒、焦虑、抑郁的情绪。要是跟他说他是抑郁、恐惧，叫他不要怕，不要跑，是没有用的。因为他感受到了危险，你没感受到。我们唯一能做的事情是把危险撤销，帮爸爸去和物业协商，去打官司，搞定这件事，这样事情就解决了。这是一个消除消极情绪的例子。

传统的情绪管理里面，中医根据五行相克理论，认为五志依次相胜，总结出了“情志相胜，以情胜情”的心理治疗方法。其中一种方式，被称为“悲伤疗法”。治疗者用语言或其他方式，使病人产生悲伤情绪，让其郁结于心胸的愤怒情感得以宣泄和缓和。对待愤怒的人，你用悲伤化解，那么这种愤怒情绪就会降低。

假如说这个人很愤怒，我们给他讲一个故事，或者让他看一篇文章，这篇文章能让人产生悲伤情绪，那么他的情绪被转移了，他的愤怒情绪就会消失。由此可见，不良的情绪是可以通过外部行为进行干预和调节的，如合理宣泄、情绪转移、理性升华等。

另外，与其解决老年人的消极情绪，不如帮助他们找到生活中的价值和掌控感。如果他产生了对自己满意的情绪和自豪感以及对事物的兴趣，那么消极情绪就会被放在一旁。

又如，一些孩子在父母离开的时候会哭，这时候你给他想要的玩具或他喜欢的糖果，有的小孩就会被哄住，转移了注意力，这实际上就是帮他建立其他的积极情绪。

2. 提升老年人的积极情绪

我们鼓励老年人表达他们的情绪，抑制消极悲观的负性情绪的上升，提升他们的积极情绪。积极情绪包括满意、乐观、肯定、兴趣等。

老年人很难对事物产生像年轻人一样的兴趣，他的整个生理、社会功能及成就动机都已经下降了。因此，我们要让老年人产生积极情绪，也要用积极情绪抵消消极情绪。

有时候可以给老年人多一点被崇拜感。比如说，作为儿女，我们可以说一些故事，在自己的儿女面前说爷爷奶奶当年是怎么样的，增加孙辈对爷爷奶奶的崇拜感，在家庭中不断地增加老年人的自豪感，这是可以靠整个家庭的力量去做的。一旦“攻占”了老年人的心理，就可以开始培养他的兴趣。

例如，一位学员跟他的爸爸说自己喜欢吃地瓜，然后爸爸就想办法去做，现在他的爸爸已经会种地瓜了。在种地瓜的过程中，他的爸爸就会从育苗、除草、收成等方面收获许多，然后他的爸爸会跟周围的人分享，也会收到别人的夸奖，爸爸就会从中发现自己的社会价值。因为很多人认同，他的这种做法被肯定，他的人际交往范围就从家里延伸到社会。所以，家庭得先创造这种条件，让老年人产生自己还是一家之主的掌控感。

当我们真正地接纳了父母以后，我们会发现一个现象，就是我们对老年人的满意会促进他们对自己的满意。当我们为爸爸妈妈感到骄傲自豪时，他们也会感受到自己的价值。从他尊到自尊，别人对我的尊重，会使我对自己感到满意。那么怎么做可以提高老年人的满意度？有两条路径，一条路径是用过去的事实证明，第二条路径是利用现在可以去创造的事情。

过去的事实证明，就是重温过去的满意事件。当老年人没有对未来的憧憬时，他们倾向于把过去的事情拿来说。而这时候我们往往会说“不要再提那些陈年往事了”，这也就剥夺了老年人体验自我满意的一个机会。

例如，一个赚很多钱的老板来参加同学会，如果你说今天大家不要谈赚了多少钱，而是谈谁懂多少心理学，那么这个人可能就不想参加了。这是不行的。一定要让大家拿出自己的优势来互相交流谈论，这样人人都会对自己产生满意感和自豪感。

三、积极人际关系建设

1. 给父母写感恩拜访信

我们在做老年人的积极人际关系建设时，可以采用感恩拜访信的方式。比如我们网校的一些学员，他们跟父母的关系一直不好。但是用了这样一个很小的技巧，给自己的父母写了一份感恩拜访信之后，就发生了改变。不是为了运用技术而去使用技术，而是发自内心表达这样一种情感，子女和父母之间爱的连接就被创建了。

感恩拜访信的方法可以放在团体中操作。首先引出感恩的话题，带领成员进入情景，请他们思考自己想要感恩父母的原因和拜访的目的。接着请成员在团体中分享，进一步加深感恩的情感。然后请团体成员用第二人称写一封给父母的信，真诚地表达自己的感谢，并且在活动结束后真正做一次感恩拜访。

其实亲人之间爱的连接不需要太多的技术，更多的只是需要一份真情。人心就是这样的奇妙，转一个弯就海阔天空，没有转弯，可能一辈子就被困在那里。

2. 让老年人成为积极舆论的传播者

舆论的传播者往往都是老年人。年轻人大都忙于生计，没有时间和闲情处理闲事。但是老年人不同，他们一般有许多时间去管别人的闲事。农村的老年人对于这种信息的敏感度会更高。我们进行老年人服务、建立积极人际关系时，就可以把重点放在这个方面，对一些消极舆论进行干预，推动积极舆论的传播。

有一位学员曾经跟我提过，说一个老先生爱跟别人吵架，还组织了一个业主委员会专门找事，社区的干部对此很头疼。我的学员是做社区工作的，他就单独找这位老人家聊了一下，按照积极心理学的理念写了一封感恩拜访信，还当着老年人的面读了出来："尊敬的大爷，您……"老年人一听完信，很是感动，就帮助社区做宣传，还极力配合社区的工作。老年人有时候就是很犟的小孩，容易一根筋拉不回来。但是一旦他被拉回来了，你这个工作就好做了。

四、积极语言和行为的干预

优化老年人心理服务，也涉及对老年人的积极语言、行为的干预方法。比如说哪一些消极语言是不能说的，这个是要写进老年人心理服务手册里的。

应对老年人的负面情绪：

1. 父母心情很烦，老是觉得自己这不行、那不行的时候，你可以说："其实你也挺不容易的。"

2. 当父母很着急，解决不了问题的时候，你可以说："我理解你的心情，不要着急，我会帮你想一想办法。"

3. 当爸妈跟自己的家人或者别人发生矛盾的时候，你可以说："我觉得你也没什么错，但是你的方法可能不太对。"

4. 当子女做错了事父母一直念叨的时候，你可以说："好，下次我会注意的。"

5. 如果父母要吃隔夜的饭菜，你可以说："爸妈，现在生活已经比过去好了，你们可以吃点新鲜的饭菜。我这么久才回来一次，老是吃隔夜饭菜肚子会受不了的。再说，如果我吃新鲜的，你们吃隔夜的，传出去别人说我不孝怎么办？"从他们疼爱子女的角度出发，而不是直接要求他们不要做什么。

夸奖父母的语言：

1. 对父母表示感恩，天下最无私的就是父母的爱，老年人肯定有很多问题，但是他们最大的价值就是培养了他们的下一代。

2. "姜还是老的辣"，让父母感觉到他们还有价值。

3. 经常称赞父母，例如："爸爸，我的朋友都快成为你的粉丝了，老是夸你开明、年轻又帅气。"

4. 鼓励他们培养兴趣，可以说："你的智慧都没有传给我，我现在觉得跟不上时代了，你得带着我学习。"让父母愿意再去接触新的事物。

5. 享受自己作为孩子的身份，用这种心态去说话，老年人会感到非常开心。

学员分享：

我婆婆是一位 88 岁的老年人。第一句不能对她说的是："你这么老了，别到处走来走去的。"她会说："我老虎都打得到，哪里会老？老是叫我不要走来走去，我能在家里干吗？"

第二句不能对她说的是："你别操这么多心，我们这一代人都要做爷爷奶奶了，你该放下的就放下了，有什么事情可以吩咐我们去做。"然后她就说："我为人父母，你们是我的儿女，我只要一天没有闭上眼睛，我都是会操这个心的。"老人家就是这种思想。

第三句不能对她说的是："别干这么多，这是年轻人的事情，你就别理那么多。"她心里就不开心，好像觉得我们都认为她没有用了。

第四句不能对她说的是："不要唠唠叨叨，老是把以前的事情翻出来跟我们讲，听了几百遍了。"她就说："我不说你们怎么会知道我的过去呢？"她经常一坐下来就跟我说："我 18 岁就嫁到这个家里面，你知不知道我是怎么操持这个家的？"

第五句不能对她说的是："叫你不要去，你偏去，你怎么老是不听呢？"她就会回答说："我为什么要听你们的？这个事情我已经坚持做了几十年，我一天没有闭上眼睛，我就要去做。"

她是一个有信仰、有恒心的人，八十几岁了，经常要去当地一座很出名的公庙。而且她还加入了庙会。庙会经常晚上才开始的，她虽然这么老了，但无论多大风雨都坚持要去。有时候我比较担心她，我说你不要去了，她说你不放心那不如你陪我去。

她说了这么一句话，我就觉得我应该陪她去，我陪她去，她很开心，很感动，我也在照顾她的过程中学到很多东西，我很享受。

韦志中点评：

从这个故事中，我发现我们的课堂中有许多优秀的孝子贤孙。我们从积极语言说起，其实老年人心中会感受到我们的善意。她只是说要陪婆婆去，婆婆就一路上都在高兴，在念叨。其实我们可能只做了一点点的小事，但在老年人心中就变成他们一个积极的心理体验。我们已经在做积极的行为，种在他们心田里面的那一颗种子，真的发芽了，长成了一朵花、一棵树，真的让他们觉得没有白疼自己的孩子，自己的辛苦付出是有价值的。这是非常令人感动的，让我热泪盈眶。

这个故事给了我们一个新的启示，也就是关于语言背后的情绪和态度。有些语言背后所含的那种否定、指责、控制，对老年人家而言是非常具有杀伤力的。所以我们去修饰语言，实际上是要管住我们的一颗心，对老年人要有善念、有爱，这才是我们真正需要去做的。

这位学员提出陪婆婆一起去公庙，这是非常好的积极行为干预。这是我们需要让年轻人知道的，并不是担心老人家就不让他们做任何事，而是反过来，我们可以陪他们一起做更多的事。就像我们今天教育孩子，不能因为担心孩子会摔倒就不让他们跑，而是要在相对安全的环境下，陪着他们一起跑。

我们要强化老年人对人生的圆满感，重要的是尊重老年人的心理体验，不要一直用消极的语言去打击他们。我们做子女的容易拆长辈的招牌，那是他们在努力捍卫的尊严。本来他们还有一根稻草，结果这根稻草被烧了，他们会对自己的一生更加地绝望。很多老年人行为的背后其实是在捍卫自己的一生。

像我们跟老年人说：“你不要再干了，这个家你当不了主了。”他们会回答：“我怎么就不行了？”他们的回答就是在捍卫自己，不要让自己绝望，子女却非要“釜底抽薪”。这给我们一个很重要的启示，我们必须马上停止这种拆长辈招牌、用消极语言打击他们的行为，应该要多鼓励长辈，让他们继续当家。

五、积极环境心理暗示

1. 衰老的速度与环境暗示有关

如果我们正处在老年，当我们发现自己的记性越来越差时，最现成的解释似乎就是我们老了，而很少再去寻找其他的可能性。也许记性变差是因为我们失去了记忆的动机和意图，但是我们通常不会找这方面的原因。将自己的所有功能衰弱都归因于自己的衰老，这种思维定式往往极具杀伤力。

事实上，很多心理学的实验都证实，一个人衰老的速度与环境暗示很有关系。我们今天对待老年人，就像对待小孩一样，什么都不让他们做，这就剥夺了老年人的社会功能和心理功能，没有给予老年人一个发挥自己功能的空间。

很多老年人“生病”，是源自他们心里有不好的感觉，感觉自己的身体好像有哪里不对劲，这有时候属于无病呻吟。也就是说，很多人实际上是自己认为自己老了，认为自己该吃药了，于是就跑去医院了，这个是环境暗示。

衰老分为生理性的衰老和心理性的衰老，两者对人的影响密切相关，无法做出明确的区分。生理性的衰老是自然客观规律，但人对衰老的主观认知，也就是心理性的衰老会加快其生理衰老进程。心理性衰老是由社会建构出来的概念，那么建构一个能够让老年人“变得年轻”的环境，对于他们的积极老龄化就很重要。

这个时候，积极心理学在老年人的积极心理暗示、积极行为养成和积极环境塑造这几个方面都是可以起到作用的。现在请大家做出一个小于你 20 岁年龄的肢体动作，想象一下 20 年前的你会怎么做。这是朗格教授教我们的技巧，积极行为塑造人的积极情绪，通过环境、语言来达成对人的心理暗示。

现在我们已经进入老龄化社会，不能让老年人老得那么快，他们还可以发挥余热，做出成就，这时候环境的暗示就很重要。要减少对于老年人年龄的消极暗示，增加积极暗示。越是积极暗示他们，他们就会越积极，越去消极暗示他们，他们就按照消极的方向去做。

2. 让老年人的服装年轻化

老年期情绪、情感的发展变化特征之一，在于老年人关切自身健康状况的情绪活动的增加，他们老是担心、在意自己的身体。越是这样，我们就要在这方面对老年人做更多的干预工作。例如，从服装方面入手，通常来说，人们穿什么风格的衣服，可以显示出他们处在什么样的年龄阶段。

以前我们村子里有位大娘，她的儿子在城里工作，只要他一回来，见人就讲城里的人穿得有多时髦。实际上，村里的这些人也想穿那样的显得年轻一点的花衣服，但是不能穿。问题在于他们对自己的情绪表现和情感流露更倾向于控制，他们会更加受到外界他人眼光的影响，这也是另一个老年期情绪、情感的发展变化特征。他们想要穿着更美丽，这样的爱美之心本是一种积极情绪，但是因为会受到外界眼光的评价，这种积极情绪就被抑制了。

朗格教授也提到，社会经常规定了什么样的年龄穿什么样的衣服，否则就是为老不尊。因此，一个经常穿制服的人往往不容易被困扰，因为制服没有老少之分，也没有年龄暗示。有学员分享，个人的外表会直接影响一个人的心理暗示。你面对的人群不一样，你的着装也会不一样，那么你的心态也是会完全不一样。如果你面对的是有身份的或者年长的人，那么你的穿着打扮会比较成熟，谈的话题也会比较成熟。如果你面对的是年幼的或者是比较活跃型的人，你的穿着打扮可能就会比较年轻化。

也有好几位学员附和，给父母买衣服就是最好的例子。他们替父母买衣服时，都会买看起来更年轻一点的衣服。父母如果哪天着装比他们实际年龄显年轻的话，他们的表情会显得活跃，而且谈的话题也是比较年轻的，性格也越来越活泼，整个人的精气神好了很多。

这也是一个循序渐进的过程。并不是所有的老年人都能够马上接受穿年轻的服装，因为他们会有一个心理障碍，就是觉得自己老了，处在这个阶段，会按照大众在这个阶段对老年人的穿着要求来控制自己的穿着。最开始老年人可能会直接叫子女不要买显年轻的衣服，认为这不适合他们的年纪。可是随着家庭氛围的熏陶和暗示，他们会慢慢开始接受。而当老年人穿着年轻的衣服出去后，他们发现确实有很多人接受，并称赞说好看，他们也会开心。因此，老年人心理上也需要有一个过渡的时期，不要太快放弃对他们的暗示。

综合上述的讨论，我给大家布置一个功课，去给父母买一件年龄小于他们的，看起来年轻的衣服，让他们穿上看看。然后来观察一下他们的心理和行为，进行一次访谈，这会是一个有意思且有意义的研究。

第四节 “老有所为”技术

一、离退休适应指导

1. 离退休适应团体

离退休生活的过程，在心理活动中要经历 4 个时期，分别为期待期、退休期、适应期和稳定期。在前两个阶段，离退休人员刚离开工作岗位，生活内容和节奏发生了很大变化，心里矛盾反应比较明显，容易产生不安、抑郁、茫然和焦虑等心理失衡反应。因此，离退休适应团体的重点应该放在前两个阶段。

第一阶段为期待期，就是我们对退休之后的生活的期待。在企业员工退休之前，实际上是可以对这一部分人做一些工作的。对一些企业里待退休的人，我们可以给他们提供退休之前的适应性团体活动，就好像中学生上大学之前给他们做一个团体适应性的讲座。

我们有一个裁员心理培训干预项目，在企业裁员之前要鼓励大家，并不是他们做得不好，而是企业发展不下去。先讲一个人离开企业之后发达的故事，再说人生的路不止一条，在座的各位都是有能力的人，一定可以找到自己的价值并去实现。离退休人员的心理转换工作，在某种程度上，和企业裁员前的员工心理工作有着异曲同工之妙。

第二阶段为退休期，这时候老年人实际上已经退休了，在此期间可以对他们进行一个人生目标的规划。生涯规划可以跟着二十四节气走，一年之计在于春，所以人们在春天的时候要对一年做规划，人生的少年时期就要做职业生涯规划。现在学校都提倡让学生找到自己热爱的职业，树立自己的方向和理想。同样地，老年人退休之后也是人生又一个阶段的起点。从终身发展的角度来说，我们实际上是可以给老年人做职业规划的。在这个阶段为老年人做职业规划，集体性的也好，个体性的也好，目前都是属于公益性质的。

我们可以开展一个项目性的老年人离退休适应性团体，为他们提供一些帮助和指导。适应期再做一次，稳定期再做一个跟进，一共开展 4 次。

2. 离退休状况的其他处理形式

处理离退休的状况，不一定只能通过团体形式，也可以通过其他的方式来进行处理。例如，制作退休生活的心理指导手册，里面的内容可以包括如何认识心血管疾病、高血压等老年人常见的生理疾病，如何拥有高质量的睡眠，如何锻炼身体（爬山健身等），以及如何调适老年人的心理等。指导手册可以做成纸质书版和手机视频版，让老年人平时随身带着，遇到问题就可以拿出来看一下。

我们也可以让老年人做文化宣传和公益服务。例如，可以拍一个小的社会公益宣传片，找老年人代言，树立老年人的楷模典范，向老年人传达他们人生的新阶段刚刚启程的意思。以此来鼓舞老年人，告诉他们依旧可以做很多事，为社会贡献自己的价值。

退休之后，也要让老年人努力适应社会生活，即进行发展性社会适应。这主要是指老年人在现实社会生活中，能够发挥自身潜能，扩展自我价值。这个过程当中需要注意让老年人顺应自身角色的变化，与时俱进，努力减缓心理活动的退行进程。

减缓老年人心理活动的退行进程，实际上还是要让老年人做事。老年人比起年轻人，有一定的财力、广阔的人脉、丰富的阅历和工作经验，这是老年人的优势。未来的老年社会肯定需要老年人创业机制和保障老年人的就业机制，在社会制度层面上保障“老有所为”，而不是光喊着让老年人自己发挥。老年人工作时和年轻人的心理状态不一样，许多年轻人工作是为了吃饭，为了挣钱糊口。但是老年人不会为生计担心，他们做事可能完全是因为自己的兴趣而主动去做。

即便不能再就业，老年人也可以在一定生活范围内做一些力所能及的事情。例如，组建老年人志愿服务团队，让相对年轻的老年人服务相对年长的老年人，在社区里为行动不便的老年人送餐，跟他们聊天等，这样不仅可以使得老年人有事可做，还可以让他们在帮助别人的同时维持社交活动，丰富自己的业余生活。

3. 成功的退休转型案例

在《我生命中的贵人》这本书中，有一个撑船摆渡人肖先生，他是一个离退休的老干部，来找我咨询。他是山东农业大学毕业的高才生，最开始做过一段时间的大学老师，后来又调到基层去，在那里工作了一辈子，为社会服务了一辈子。

他退休前在原单位已经是比较高的领导职位，但后来他内退了，为了把自己的机会让给年轻人，早点退休。他的薪酬待遇实际上是增加的，其他待遇也都是还在编制内的，就是有一个五年的缓冲期。这五年内你想干点什么，单位都支持你。

正好在这五年里，他学习心理学，上我的课。我看他年轻力壮、精气神充沛，如果他什么都不干就回家的话，很快就会老态龙钟。“用进废退”的原则也适用于生命的认知方面，许多被一般人认为与年龄有关的变化，其实是由于不使用，而不是衰退所致。

我跟他说，既然学了心理学就做与心理学相关的工作，他回去 3 个月内就成立了他们市的心理学会，并担任会长。成立大会的时候，124 个市级的机关和一些单位都出席了。这五六年的时间内，这个心理学会在当地做出了巨大的贡献。他也召集了一帮快退休或已退休的干部，也都是心理学爱好者，成为他的副会长、顾问等。

他学心理学，也办心理咨询师培训，不图赚钱，就是为了实现个人的自我价值。去年他在全市讲了一百多场心理学讲座。他填补了这个市在心理学上的空白，越来越多的市民开始慢慢了解心理学，因此他退休后依旧发挥了很大的社会价值，做出很多贡献。

这就是一个成功的退休转型，关键在于肖延德老师愿意继续学习。老年人，不管是领导干部，还是一个普通的农民，都能发挥社会作用，能退而不休，老有所为，老有所用，这是我们做老年人心理服务未来的一个走向。

二、改变人体对时间的感觉

人活到老年时期，生命会有越来越狭窄、越来越边缘的焦虑感和孤独感。人们忙着从物质和科技上延续自己的生命，如吃保健品，但却少有想过改变人体对“时间”的感觉。变老未必是时间的遗失、一条单向的下坡路，而是一个时间的过程、一种自然的变化。

儒家修行的成长方法和佛家禅宗的成长方法以及西方存在主义哲学的心理治疗，三者是不同的，但都是在时间感上下功夫。想要获得自我的心理成长，这些都可以提供一定的参考。

1. 儒家思想：快过时间

快过时间，意味着把一天当成两天用。儒家的“知行合一”，是行在前、知在后。读书人通过学习知识去领悟世界的规律，但是知识累积得多，并不意味着就有所领悟。一定要把知识付诸行动，也就是说行动要快、多，要亲自实践，当做的事情超过了自己的时间单元时，我们就会有灵光一现的领悟。

在一个时间单元里面，我尽量多地把时间全部填满，做更多的事，填到超过它。本来一个小时我可以干一件事，但我干了两件，我想干三件，我就超越时间了。这个时候你就会发现你打开了更多的世界，你在认知上就会有变化。看见别人看不见的东西，启动更多的行为，行为积累到了一定程度，就能实现从量变到质变。这是一种用超过时间的方法去成长，可以帮助我们发现新的自己，也可以做更多的事。

这件事情可以引导老年人去做，若是他们在心理上认为自己已经老了，做不了事，我们可以鼓励他们去做，帮助他们超越原本认为做不到的心理。只要他们做了一次尝试，发现自己可以比想象中做得更多，就会尝到甜头，之后他们就会做得越来越多。

2. 禅宗思想：慢过时间

禅宗思想与儒家思想相反，它靠的不是行动的多与快速，而是坐定在一个地方不动，任凭时间从自己身边流走。冥想的时候，把自己所有的意念都关掉，就留一根天线，向自己内心深处走去，向心灵的宇宙里走去。这个时候，整个人处在一种静止的状态。慢过时间，就是完全投入其中，让自我与天地万物合为一体。

我们可以引导老年人进行静坐、冥想，因为这个时候，他们的生命状态已经不像年轻人那样汲汲营营地想要追求很多；相反，当他们投入一种安静的、纯粹的状态时，他们将沉浸在一种宇宙浩渺的空间之中。

3. 存在主义治疗：与时间同行

你能感受到时间与你同行，与时间同行往往就是与问题同行。你既不活在过去，也不活在未来，所以你就可以解决你当下的问题。这就像存在主义心理治疗，咨询师专注于你现在在想什么，你坐在我面前，你怎么看我这个人。咨询师就是用当下的事情来和个案聊天。

当我们投入当下的时候，时间就会从我们的身边悄悄溜走，人进入了一种忘我并忘记了世界的状态。举个例子来说，有一次我上积极心理学的课，先放 20 分钟的视频，一边放一边解读。放完之后我脑子里就记着才上了 20 分钟的课，但实际上已经过了两个半小时。在座的学员也都没动，有 1/3 的人表示和我有一样的感觉。这就是积极心理学说的福流状态。

有人问朗格教授是否想过让自己回到 20 年前，她笑着说，如果你是一个懂得专注力的人，年龄就从来不是问题，无论你多少岁，你都是在体验当下，你在自己的时间里加入生命的体验，这是一种生活的艺术。

快过时间是容易的，就是会感到累；慢不一样，让时间从你身边悄悄溜走，又容易感到孤独和死亡。所以朗格教授的意思是跟着自己走，慢慢变老，享受时间。让老年人的生理、心理体验和实际的生理状态保持一致，这对他们会有很大的帮助。

三、训练专注力、培养兴趣爱好

有一年我参加一次坐禅活动，坐禅的时候很有意思，一圈人在屋中围着打坐，不说话，突然就听见值班的和尚“噔”的一下敲响了木鱼，也没人说话，均不定不动。于是我就沿用这样的方式在课堂上尝试，并运用教育学中的课堂学习理论提升学习效果。后来我在学校进行教育改革的教学指导，我都提出让老师对课堂进行优化，多出 5 分钟，让学生静坐，休息大脑。这时，整个教室突然变得非常安静，事实证明，这对提升学生的专注力有非常好的效果。

对喜欢动的孩子来说，让他静下来是一种专注力锻炼。但对喜欢静的老年人来说，让他动起来也是一种专注力锻炼。我们可以在老年公寓里发布一条规定，每月有三次紧急集合，不管什么时候，只要一吹哨子，所有人都要在多少分钟内集合，做到的人可以得到奖励。不管你是在睡觉、在上厕所，还是在吃饭，只要你听到这个声音就赶快来集合，到指定地方列队站好。有了这个集合，就可以训练老年人随时随地的专注力。

如何让老化的进程减缓，或者说让这些老年人开心地变老，就是要提升老年人的专注力。核心理念就在于更新老年人的行为认知体验。比如在老年公寓、老年敬老院和老年社区里面，我们开展一个老年人的手工艺项目，帮老年人创业赚钱，我们这些义工志愿者给老年人做培训。

要围绕专注力去开展老年人的创新活动，创造新的可能性。这不仅对老年人的心理有帮助，还可以创造财富。这些做法提升到概念层次，可以说是专注力疗法、环境疗法。

培养老年人的兴趣爱好，让他们继续学习，保持活力，这都属于专注力训练的方式，如画画、写毛笔字、跳广场舞等。让老年人明白生理功能的衰退并不意味着精神世界的退化，让他们有一个精神世界和生活上的支持。

文化生活对于老年人是很重要的，让老年人按照自己的兴趣做自己想做的事，他们有事情做之后就不会一直忧愁，也不会有那么多烦心事。

四、善用老年人的智慧

1. 家风建设

在一个家庭里，老年人发挥着重要作用，只是我们很多时候都忽略了。老年人其实是很有智慧的，如果他的智慧没有体现出来，我们就失去了一笔很宝贵的财富。有家风建设的话，每个家庭培养出来的孩子都会少一些问题。尊重老年人，也是为后代的利益着想。

2. 老年人顾问委员会

社区宣传部门可以考虑多招募一些老年人，因为老年人的时间要比年轻人多。年轻人嘴巴里喊着口号，讲述事情，但他们的心里不一定相信；但老年人不同，凡是他们嘴巴里喊的，通常来说都是他们相信的。老年人与年轻人的心理状态不一样，年轻人为了生计，有可能会做不喜欢的工作，说不真心的话；但老年人已经不会为生计担心，他们做事通常都是出于自己的兴趣，主动想要做事。

我们可以对全社区的老年人进行调查访谈，按照他们的性格与能力给他们分配一些工作，在社区成立一个老年人顾问委员会。如果把老年人群体的能力运用好，就是一支强大的再生力量队伍。

在社区成立一个老年人顾问委员会，让老年人为社区的发展献计献策，将能解决更多老年人的问题。类似的概念还有老年人智囊团，运用他们的智慧，在社区里举办“智慧大赛”，合理运用并发挥老年人丰富的人生经验。

3. 访谈老年人的故事

我之前给一个学员出过这样一个主意，让他在三年内访问 100 个 60 岁以上的老年人，主动地去找他们谈话，询问他们：人生的真谛是什么？你觉得这件事情有意义吗？你觉得人生的意义是什么？我作为一个年轻人，你给我的忠告是什么？你能不能谈一谈你认为人生中最宝贵的是什么？见一个问一个，跟他们谈，把对话录下来听，然后写感受，一定会产生新的智慧。这个实验可以作为人心理成长的一门功课、一个技术。

这个技术还可以做一个改版，让一个社工走访辖区内的 100 位老年人。前者是为了自我成长，后者是为了更好地服务老年人，让他们有所表达。

第五节 “代际沟通”技术

一、理解孝顺的意义

我们今天探讨的是老年人心理服务，这实际上不是在讲道德问题，毕竟心理学、伦理学和道德不一样。但是很多道德问题，只要在心理上解决了，就会有所改善。比如说两个学生打架，双方家长与老师调停后，需要一方认错道歉，但是需要道歉的这方却不愿承认错误，也拒绝向对方道歉。为什么会这样呢？就是因为他在心理上还没把事情理顺，还不觉得是自己错了。

不愿意低头是和安全感分不开的。因为低头就会把自己的后脑勺暴露给对方，这是自己的软弱之处，如果对方心有不轨，自己就有可能会被对方欺负，甚至威胁到自己的生命。我们为什么不愿意向别人低头？主要还是心理上的原因。如果我对这个人心悦诚服，我就愿意向他低头，我觉得低了头没有危险，他不会趁机欺负我，看不起我，甚至是贬低我。

在此基础上，我们重新来看待孝顺。孝顺是一种社会心理机制。我们过去聊进化的时候，总讲基因遗传，而在文化心理学中，也有一个文化基因的概念。文化基因非生物基因，主要是指后天习得的信念、习惯、价值观等。讲孝道符合我们每个人的幸福追求。

比如，你对家里的老年人好，老年人心情好，身体也硬朗，不会整天生病、吃药、闹情绪，这就是全家人的福音，大家都高兴。如果你对老年人不好，老年人动不动就闹情绪，你不单心理上烦躁，生活、工作也会受影响。所以，尽孝道是符合人的幸福追求的。

对于道德，好像大家或多或少都有这样的想法：道德是约束人的。其实道德不是约束，而是为了让我们更加自由。要知道，建立在自由基础上的道德才是真正的道德，而迫于外界的压力不得不做出的尽孝行为，那不是真正的道德。

比如，你爸爸躺在病床上，你家里的亲戚都让你回家照顾，你虽然不想回来，但不得不回来，因为你不回来，亲戚就会觉得你是个不孝子，没人性。这不是真正的道德，真正的道德是你心里这样想，也愿意这样做。

你心甘情愿地照顾重病的爸爸。你听到爸爸生病了，吃不好也睡不好，很心疼他，只有回来看到爸爸之后心里才能踏实。这是出于你人性本能的反应，这才是真正的道德。

现在有一部分心理学者崇尚个性解放，觉得个体不应该屈服于父母对自己的要求，家庭会伤害子女。这种言论反映了这些心理学者认为父母对子女的要求过多，子女应该挣脱家庭的束缚。其实这是错误理解了中华文化几千年来建立的道德体系。孝顺不仅是道德的，而且是符合心理自由的思想的，也是符合个人的心理利益的。

孝顺是指要依从父母的心意。父母的心意所向一般也是自己力所能及的事情，我们依从他们，也不会给自己带来什么损失。那些非要把自己所想与父母所想对立的人，显然是有失客观标准的。另外，就算自己不能认同父母的一些行为，尊重他们也不代表放弃自我，就像你尊重了他人，并不代表你放弃了自己的原则。

我们与老年人的相处之道，也是如此。做心理咨询也是这个道理。尊重来访者并不意味着你放弃自己的主张。为老年人提供心理服务，聆听老年人的需要，也并不代表放弃自我。

二、老年人家长会

做老年人心理服务工作针对的人群，有时可能不是老年人，而是他们的家属。要对年轻人进行老年人心理方面的教育，借此来改善年轻人和自己家里老年人之间的关系。例如，我们可以举办老年人家长会，请60~80岁的老年人以及这些老年人的子女来参加。

社区可以组织一次大型科普老年人的心理状态的活动，这个活动可以是演讲，也可以是辩论会，请子女来讨论关于老年人的议题。若是想要更加引人入胜，还可以由社区举办一场老年人心理晚会，以小品为主，穿插一些歌曲，在这期间加入一些老年心理健康知识的问答。用晚会的形式，将子女沟通、婆媳关系、下岗再就业、老有所为等心理教育问题融入节目当中，吸引社区的居民参加。

活动结束之后，各个居民楼里面可以再组织一个小团体，给子女上课，给他们做老年人的认知教育、生命教育和与老年人相处有关的技巧培训，从认知层面上帮助子女更多地理解自己父母的做法。老年人有自己的思想，子女可以听老年人讲讲往事，尊重他们的感受，在保有自身想法的同时也不跟老年人对抗、争吵。懂得把掌控权还给老年人，不拿走他们追求自我的权利。这样的操作也可以应用在与老年人互动的其他人身上。

三、理解与陪伴

我们要更新与他人交流的方式，不要一成不变，要有一些变化。现在我们教育小孩和帮助老年人，首先都是希望对方照着我们想的去做，这是需要改变的。我们要允许别人不同，允许他人有其他的可能性，也要允许自己有其他的可能性。

以第一章的代际沟通案例来说，首先要改善学员和爸爸的关系，要让她听到爸爸真实的声音。改善关系的第一步，也就是心理学要做的第一件事，即了解自己。我生长在这种家庭里，家庭对我造成了什么影响？我为什么会有这样的气质？我如何成为心中更好的自己？

第二步，更好地控制自己。当我发脾气时，我能控制得住吗？我能有更好的办法纾解吗？当我想要去管别人的闲事，并去指责别人时，我能不能换一种更让别人接受的方法？通过更好的自我控制，产生更高的自我认同。

第三步，是了解别人。了解在前，接纳在后。比如，我们大家都知道自己父母的童年经历吗？回家之后可以找父母谈谈心，问爸爸妈妈，请他们讲一下他们小时候的事情。以上述案例来说，可能爸爸一开始会说现在不想谈，觉得说这些事情没有什么用，那么这时候我们就可以说："我真的想知道，因为我是你的孩子，我当然要知道我的爸爸是怎样的人。"

听了更多故事之后，我们就会发现，爸爸尽管跟伯父叔叔是在同一个家庭中长大的，但他们有不一样的性格，有不一样的人生。就像我们一个家族里，有的人更像爷爷，性格比较稳定，也没有什么闯劲；有的人更像奶奶，奶奶的脾气相对比较自我和敏感。我的性格就敏感一点，我的堂弟却没有那么敏感，我们是完全不一样的两种人。除了遗传上的不一样，教育方式、成长经历的不同，遇到什么人，跟什么人结婚，都会导致完全不一样的人生。

了解了一个人之后，我们接下来就是要接纳他，尊重他。无论爸爸是什么样子的人，你可以不认同，但要学会接纳，理解他心中有气，他心里有诉求而没有人回应，而不是想着要去制止他、否定他。尊重是对一个老年人，甚至对任何人都很重要的事情。变回女儿的身份，听爸爸说话，跟他聊天，不要带改变他的态度和太强的目的性。保持真诚，想给他买点东西就买，想回来看看他就回来，这样就好了。

如果我是她爸爸，就会觉得自己以前是对社会、对家庭有帮助的人，现在帮不了别人了，还让身边的人都用一种帮忙的心态来对待自己，没有了一家之长的感觉，确实心里也是不好受的。她爸爸敢于去争取，说明他还有劲，还有动力，还是一个了不起的人。

很多时候老年人对子女并没有什么很高的要求，他们最渴望的是子女能够理解他们，陪伴他们。了解老年人的心理需求，有助于改善子女与老年人的关系。

四、修复与父母爱的连接

我从2006年到2012年这6年中，每一年都有100天的时间在全国各地讲课，做工作坊。在这个过程中，就有一些观众跟我分享他们自己的人生经历。我发现他们的很多故事都围绕着家庭，很多人的问题都与父母有关。很多人跟我讲我爸妈怎么样，我过去发生了什么，讲的时候哭得很是伤心。我们所有的技术里，最能让人潸然泪下的就是讲故事，讲有关母亲父亲的故事。为什么会这样？这是爱的链接的本能驱动，你天天不回家，你也没办法摆脱这份链接。

一个老年人的幸福关乎几代人的幸福。所以我们做老年人心理服务，不仅需要对年轻人进行老年人心理教育，还需要修复年轻人与父母爱的连接，这牵扯到家庭关系的爱的建设。

有很多人说韦老师讲的是老年人的心理，那就请告诉我们：老年人到底想什么？我妈为什么那样？我爸为什么这样？我学几招应付的方法，知道怎么打发他们就行了。其实这是对老年人心理服务的误解。在心理咨询当中，我们最害怕的就是教了技术之后，反而当了别人的“帮凶”。交给别人技术，就像是给别人一把铲子，这把铲子给了别人是为了让他们回去往火里添煤，让人温暖起来，而不是让他们拿铲子回去拍别人，伤害别人。

这就相当于家长去上亲子教育课，学几招用来整治不听话的孩子。比如说有一位妈妈，她说小孩不听话，韦老师来教我几招，我回去修理修理他。可是我明明看到的是他们之间的关系出了问题，孩子感觉不到妈妈的爱。因为没有爱，所以妈妈说什么他都不听，如果他们的关系有爱的话，妈妈说什么都是对的。

如果一个妈妈跟孩子的关系不好，来我这里学了几招之后再回去，孩子就更加生活在水深火热之中了。心理咨询不能只是教授技术方法，而是要改变方向。老年人心理服务并不是让年轻人学几个方法来应付老年人，而是需要年轻人成长，主动修复与父母之间爱的连接。

很多时候，我们与父母之间的爱就在那里，只是平时我们没有机会去发现。例如，一位学员分享她想要对爸爸说的话：“你不要管太多事情了。”意思就是让爸爸不要瞎操心，因为他年纪大了，老是管着这个家，小辈就不会有担当。之前他一直辛辛苦苦地把这个家撑起来，现在弟弟也结婚了，他该休息一下了。

这位学员说：“爸爸辛辛苦苦一辈子，什么也没得到，一病就走了，没享过一天的清福。”说完这些，她的内心久久不能平静。这句话虽然看起来是在剥夺父亲的掌控权，是对父亲的一种指责，但其实也包含了对父亲的怀念，对父亲的爱。

当我们再想起我们的亲人，或者一些关于亲人的画面和事情时，我们会产生一些情绪和情感体验。这种体验可能是悲伤，可能是温暖，可能是爱，可能是感恩，也可能是恐惧。不管是哪一种情绪，它都是非常有意义的。当我们感受到那种感激、那种温暖，或者有一种内疚感、惭愧，这都是弥足珍贵的。

我们要允许自己有这样的情绪，而且应该为有这样的情绪而高兴，因为它标志着我们的内心没有“沙漠化”，我们并不冷漠。人之所以为人，就是有这种原始的、本能的情绪，这种对于爱的情绪的体验。

我们会发现，原来我们从骨子里是愿意爱父母的，原来我们学会爱父母的过程是可以帮助我们成长的。我们年轻人一定要学习如何更好地爱父母，因为在学的过程当中，我们以帮助我们父母的目的而来，但最终受益的一定是我们。就像很多心理咨询师都是以帮助别人为目的，但最终自己也从中受益，两者是一样的。

第六节 “转化生命体验”技术

一、预警机制：建立老年人心理档案

1. 心理二维码

从发展的角度来看，未来老年人将进入快速增长的时期，老年人口会达到一个非常庞大的数目。现在的老年人也都是吃过苦的，经历颇丰，他们对生命有自己的理解。综上所述，我们有必要为老年人建立心理档案，了解他们的过去，了解他们的特点，了解他们的个性，了解他们经历过什么。

每一个人都有生命的“二维码”，因为每个人都是独一无二的，具有唯一识别性，又携带着庞大的信息量。这是一种结合本土心理学以及积极心理学的技术。

画一个九宫格，九个格子是一个信息系统，里面包括基本资料系统，如姓名、气质类型、血压、平时的口头禅，以及原生家庭系统、个人成长经历背景、教育系统、性格爱好兴趣、做过的事等。

同样地，老年人的人格类型也为此判断提供了一些很有用的帮助。可以制作一个量表，对老年人的人格特质进行测量，然后按照分类把信息输入心理二维码中。这样，我们便可以对老年人有更多的了解和把握，可以比较快速地对一个老年人进行一个总体了解，对他们的行为进行一些预测。

2. 运用二维码开展老年人心理服务

运用二维码做老年人心理服务，是电子时代、智能时代与老年人心理服务的结合。建立老年人的心理档案，既是老年人心理预警机制建构的重要一步，也是给有需求的老年人提供后续健康评估和心理服务的重要基础。

在明白二维码的作用之后，相关的老年人心理服务就好展开了，而且可以不断地更新。要想知道一个社区里面有多少位老年人，每位老年人的性格是怎样的，他们过去有什么样的经历，跟他们说话要先说什么，只要用手机扫一扫就可以知道。

这样的服务建立起来并不难，只需要一个电子系统。像现在弄电子商务一样，准备一排电脑，一些人值班，定期去做更新访谈，把资料录入就可以了。这个工作做完之后，一直到老年人离开这个世界，我们都可以对他们进行跟踪服务。

当然，建档工作需要保护老年人的个人隐私安全，这里面有伦理和隐私的议题，是需要另外去解决的。

一旦这个档案建立起来，就会形成一个老年人群体的整体的心理系统。如果有了一个群体的心理系统，我们就可以有预警机制，就像夏天台风来之前会启动预警机制一样。目前国内外关于老龄化的研究大多囿于老龄化的特点、进程、危害及对策等方面，关于老龄化风险预警的研究基本处于“真空”状态。尝试建立集监测、预警、预控于一体的老龄化风险预警系统是现实的迫切需要。

老年群体心理系统收集完信息，启动之后要有应急预案进行提前干预。比如说老年人到了一定的年龄，患心脑血管疾病的概率会增加，对于心脑血管疾病对他们的心理造成的影响，就可以做这一类的预警机制。也就是科普心脑血管疾病这方面的知识，避免老年人因为知识的缺乏而产生多余的恐慌心理。

健康与医疗、保健方面的信息科普有其重要性，毕竟由于老龄群体缺少相关的知识，当前打着“科学”的幌子宣传虚假的伪科学知识，借助信息科技时代的便利骗取经济利益的事例有增长的趋势，相关的媒体报道也不少。

现在的老年人普遍都会遇到一个问题，就是子女不理解、不接纳自己。那我们就要启动对全社会，至少对一定范围内的子女，进行老年人生理、心理、社会功能的普及教育，使他们更加理解老年人，减少误解的产生。

二、老年心理传记：转化生命积极意义

1. 何谓心理传记学

心理学研究有三种方法，前两种是研究普遍性规律，研究群体的。而心理传记学，实际上是研究在群体中的个体的独特性。假若我们去分析一个人的生命，每一个生命都会有它的生命故事，生命故事里有它的生命经验，生命经验里有它独特的隐喻和象征，然后把这些东西变成富有启发性的故事，这就是心理传记学要做的工作。

我们用心理传记学去为老年人提供心理服务时，不可能像理论心理传记学家一样，我们的目的是应用它。然而，心

理传记学还是一门年轻的学科，我们要做的这些工作符不符合它的科学理论规律呢？

过去的心理传记学研究的是伟大的历史人物，将他们生命的故事、经验诠释出来，让普通人从中吸取经验和营养，促进我们对生命的理解，对生命进行滋养。现在我们要用这个方法，编排普通的老年人生命经验的启发性的故事，这个做法是否符合心理传记的理论体系？

我个人的观点是要注意两个方面。第一是注意我们不是在做理论研究，我们是在做老年人心理服务的应用，要落实到实际中来。第二是之前从来没有做普通人的心理传记，现在我们对普通人开展心理传记编排工作，就可以把它叫作老年人心理服务的心理传记技术。

心理传记学也有叙事的成分在。老年人处在人生阶段的尾端，他们一辈子的故事经验，是具有叙事性和隐喻性的。众多的生命故事被组合成一系列的事件，这些部分事件和整体事件之间、此事件与彼事件之间，都可以通过隐喻和转喻的思维方式得到理解，从而产生有意义的关系。

传记作品通过对部分事件的叙述，完成对人物整体事件的叙述，乃至对人物思想性格等的叙述，这其中依靠的就是隐喻的作用。把老年人的生命经验拿出来，呈现表达、分析、探究、再造，解读老年人故事中的隐喻，改变它的隐喻象征，这样的过程将对展现生命的灵动性具有积极的意义和价值。

用心理传记技术来讲述老年人的心理故事，从讲述的故事当中去分析，诠释他们的生命经验里的人格特质、心理特征，从而让他们的生命故事得以升华，意义得以转换。比如说过去他们有一些不良的记忆，对自己的人生不满意，在讲述的过程当中，重新进行一个意义的转换，从而使他们对自己更加认可，使他人对他们更加理解。

心理传记技术不是为了发表文章，也不是为了写成书，而是为了促使他们本人心理上发生改变。将老年人的一生转换为故事，通过故事体现老年人的生命意义，建构老年人对自己人生的价值感和意义感，可以使我们对他们的心理服务的目标得到实现。

2. 心理传记技术的运用

第一，老年人心理传记是以个人的传记为主，老年人普遍会有想要讲一讲自己过去故事的渴望。对老年人来说，讲故事是最好的心理疗法。我们可以发动志愿者每年用 30 个小时去听老年人讲故事。我们来记录，帮老年人整理故事，整理之后再拿出来给他们看一看，让他们感觉到自己的这一生过得很辉煌、很有意义。

讲故事不仅有益于老年人的心理健康，他们的生命经验对社会而言也是一笔宝贵的财富。

第二，我们不仅要听家里面的老年人的故事，听外面的老年人的故事，而且要科学地听，听完之后还要做出东西，将这些成果融入老年人心理传记技术。只要是讲故事的，将故事进行编排的，创造性地演出故事的，都可以作为心理传记技术的一系列方法。

例如“生命线”，通过回顾过去、理清当下、展望将来，澄清过去经验和历史对今天自身发展的影响，分析当下所处阶段及困难，思考未来发展方向，重新赋予人生意义。

连环画（小人书）亦可以作为一个技术载体，将人一生的故事用图画的方式叙述和刻画出来。

又如阅读疗法，阅读使人进步。一个人在阅读他人故事的过程中，能获得共鸣、净化、平衡、暗示、领悟等各种复杂的心理体验。人会在情感上获得支持，产生认同或是共鸣，缓解自身的焦虑，升华一些心理情结。我们可以在老年人做广播体操的时候给老年人读报，专门做一个老年人的有声读物。

第三，这一系列的心理传记技术，可以与心理二维码结合。只要老年人讲他们的故事，我们加入一些心理传记的访谈方法，就可以做一个老年人心理传记手册，经过转化之后将内容录入心理二维码。

做心理二维码的时候，其实就评估了这个老年人的心理状态、心理特征、心理健康水平、他对自己的一个态度等。老年人扫完二维码，就会得到一本属于他自己的书，这是心理传记与现代科技的结合。它的功能在于，既可以了解一个老年人作为个体的独特性，又可以对其各方面进行评估。

第四章
临终关怀与死亡教育

本章探讨的是临终关怀和死亡教育两个概念。从临终关怀的概念定义，到临终者的生理与心理反应，以及临终关怀助人者的职业倦怠，临终关怀应作为一种“伦理关怀”对临终者及其家属进行照顾。同时，临终关怀包括广义的死亡教育：从个体的角度来讲，是理解老年人的死亡焦虑，减缓人们对于死亡的恐惧；从社会文化的角度来讲，是塑造大众尊重死亡、让家属能够好好与逝者离别的氛围。我们的传统文化，也影响着我们对于死亡的看法。

第一节　临终关怀

一、临终关怀的定义

临终关怀是指为生存时间小于六个月的患者提供综合性的照顾服务，以减轻其生理痛苦和心理恐惧。其目的不是治疗疾病或延长其生命，而是改善患者余寿的质量，让患者有尊严地、开心快乐地度过这一段最后的时光。

临终关怀的创始人是 20 世纪 50 年代一个名叫桑德斯的英国护士，她长期护理晚期癌症和肿瘤患者，从中总结了一些经验。1967 年，她创办了一个临终关怀机构——圣克里斯多弗医院，让生命垂危的患者在人生最后的旅程中得到生理和心理的呵护，从而点燃了人类临终关怀运动的灯塔，其实距离现在也只有几十年的时间。

中国于 20 世纪 80 年代正式引入“临终关怀”的概念，之后经历了理论引进和研究起步阶段、宣传普及和专业培训阶段、学术研究与临床实践阶段。这三个阶段其实还有很大的发展空间，我们前面谈的临终关怀，包括对亲人、对医务人员、对患者的考虑，甚至殡仪馆都要考虑到，这些未来肯定都要做。

临终关怀中，医护人员承担着主要任务。护士及志愿者不仅要提高职业道德修养，培养爱心和同情心，而且要掌握一定的安抚知识与技能。另外，临终者生前所在的单位、社区居委会、左邻右舍、同事及朋友在陪伴临终者度过最后的时光和丧亲安抚中都可发挥不同的作用。

二、临终关怀现状

我国临终老年人数量多，大多数临终关怀还是以照顾他们的身体健康为主，较少开展死亡教育，这也与老年人抗拒死亡的心理有关。目前，国内专门做临终关怀的机构还是属于少数，大部分的临终关怀在医院进行。养老领域大多属于公办机构，存在经费不足等问题。是否会进行临终关怀，也与机构领导是否重视，以及是否有专业人才专职做临终关怀有关。

另外，大家愿意在老年人身上投入的精力和金钱也相对偏少。家属把老年人送到养老机构时，大多数已经做好了老年人处在人生最后阶段，随时可能去世的准备，而对于老年人心理关怀的重视程度不足。因此，养老机构收治的老年人大多处于老年晚期，一般都在 80 岁以上，很多已经没有自理的能力。养老机构做得最多的是亲情关怀，较少涉及临终意愿和心理辅导。

三、临终关怀的对象

我们现在做临终关怀，需要关怀的人有谁呢？第一类人，是还活着的但即将要告别这个世界的老年人，或者是即将离去的人；第二类人，是和他们有关的全体活着的亲人、相关联的人。人无痛苦、有尊严地去世是临终关怀的结果，但不是终点。临终关怀并不仅仅是对临终者的照顾，临终者的家属也是临终关怀照顾的对象。

简言之，临终关怀就是帮助患者优逝、家属好生。比如我们做危机干预，一个班里面有学生跳楼了，就要对全班的同学进行干预和帮助。家属往往比逝者本人更难以接受逝者即将去世的事实。如果他们没有很好地与即将去世的人告别，他们便可能会得病，会有很多的遗憾，并不是每个人都在逝者生前好好照顾了对方。

第三类人，是负责这一项工作的人，殡仪馆、火葬场里的工作人员，医院里面的护士等。这部分人长期面对人的死亡，容易出现职业倦怠和情绪问题，需要引起我们重视，对他们进行心理危机干预和协助。

四、临终关怀的方向

临终关怀很多时候是与问题同行，因为患者的离去是不可避免的，应以陪伴为主，多一些倾听。而不是采取治疗性的态度，想着要改变患者的状况，要有立竿见影的治疗效果，这对临终者的状态而言是不现实的。这是我们对心理咨询常见的认知，也是我们需要理清的对临终关怀的认知误区。

临终关怀的主旨是陪护，这贯穿于临终关怀的全过程。临终者最怕的是寂寞，他们都是希望有人陪伴的。陪伴不需要多么高深的技术，而是好好地坐在临终者的旁边，不需要和他们说太多话，经常固定地陪着他们就好。可以多听他们说说话，有些老年人喜欢聊自己的过去，陪伴者只需要会心、自然地回应，不评判地让对方感受到关爱即可。

第二节　临终病人的生前状态及护理方式

临终关怀要遵循 5 个护理原则：以照护为主、适当治疗、重视心理护理、实行人道主义和整体服务。临终病人通常会有一些生理和心理反应，这些反应有相应的评估标准，部分常见的问题就是焦虑恐惧、精神困扰、无能为力和绝望。

一、临终前的生理反应

生命在最后的几周、几天、几小时到底处于什么样的状态？一个人在临近死亡时身体会出现什么样的变化？在想什么？需要什么？我们该做什么？不该做什么？怎么样才能给生命以舒适、宁静甚至美丽的终结？

临终期一般为 10~14 天，有时候可以短到 24 小时。在这一阶段，医生的工作应该从帮助病人恢复健康，转向减轻病人的痛苦。临终病人常处于脱水状态，吞咽出现困难，周围循环的血液量锐减，所以病人的皮肤又湿又冷，摸上去凉凉的。这并不是病人感到冷，需要加盖被褥保暖；相反，即使只给他们加盖一点点重量的被褥，绝大多数临终病人都会觉得无法忍受这样的重量。

临终病人吸气困难，给予氧气似乎是顺理成章的事，但他们也失去了利用氧气的能力。此时给他们供氧，无法减轻这种呼吸饥饿，正确的做法是打开窗户和风扇，给病床周围留出足够的空间，或者配合使用一些药物，这是减轻病人吸气困难和焦虑的最好办法。

当病人无法进食和饮水时，有些家属会想到用胃管导入食物和水，但这时病人常常不会感到饥饿，相反，这种脱水缺乏营养的状态，会造成血液内的酮体积聚，从而产生一种止痛药的效应，使病人有一种异常的欢心感。

这时给病人灌输一点点葡萄糖，会抵消这种异常的欢心感。此时给病人喂食则可能会造成病人呕吐，若食物进入气管则可能会导致窒息。如果病人不配合，痛苦挣扎等的后果使病人无法安静地走向死亡。静脉输液虽然能解决陷入虚妄状态的病人的脱水问题，但同时带给病人的是水肿、恶心和疼痛。

在生命的最后阶段，甚至在死前三个月内，不少病人与他人的交流减少了，这不是拒绝亲属好友的关爱，而是他们心灵深处的活动增加了，与心灵对话的时间增多了。一项对100个晚期癌症病人的调查显示，死前一周有56%的病人是清醒的，有44%的人就是喜好睡觉，没有一个人处于无法交流的昏迷状态。但当进入死前最后6小时，清醒者仅占8%，42%的人处于嗜睡状态，所以家属应该抓紧与病人交流的合适的时间，不要等到最后而措手不及。

没有证据表明缓解疼痛的药物会促使死亡，此时可用一些止痛剂使病人能继续与家属交谈，或安安静静地走向死亡。听觉是最后消失的感觉。所以不想让病人听到的话，即便在最后也不该随便说出口。

二、临终前的心理反应

关于临终病人的心理状态，大部分的病人知道自己患上绝症之后，都会有一些心理上自我防御的情绪反应，像是焦虑、恐惧、精神困扰、无能为力、绝望、退缩、失落等。

病人及家属可以把这种感觉拿出来讨论，使对方更为了解自己的感受，否则病人可能会感觉到愤怒、不耐烦，或出现某种丧失理智的行为。介入临终关怀的人员应保持沉着冷静，耐心地诱导、劝解、帮助病人恰当地面对现实。

美国心理学家屈布勒·罗斯通过研究提出了病人临终前面对的5个阶段的心理反应。

第一，否认期。当病人得知自己的情况时，其心理反应会是“不，怎么会是我？”或“不可能”。患者可能会采取复查、转院的手段，试图证明诊断是错误的。这些反应是一种防御机制，是为了自我保护，减少不良信息的刺激，所以不要轻易地拆穿病人的防御机制。要认真倾听病人说话；不要欺骗病人，隐瞒真实的状况；要防卫少数病人因心理失衡导致的行为，如自杀，要对此做一些危机干预。对于处于否认期的病人，我们还应该进行面对现实的教育，但是要慢慢来。

第二，愤怒期。在被证实诊断无误之后，病人在情感上难以接受事实，“为什么是我？这不公平！”怨恨、痛苦、极度无助等复杂的情绪交织在一起。我们要了解，这种愤怒是一种正常的适应性反应，而不是病人长期的情绪状态。不要试图去否定和改变病人的愤怒，应对病人的愤怒表示同情和理解。病人可能将愤怒的情绪向家属、朋友、医护人员发泄，以弥补内心的不平衡。我们对病人不礼貌的言行应适当忍让克制，尽量让病人表达其愤怒，让其有情绪宣泄的机会，给予病人宽容、关爱和理解，遇到有破坏性行为要予以妥当的制止和防卫。在适当的时候陪伴病人，预防意外事件的发生，这与上一个阶段是一脉相承的。

第三，协议期。病人承认了已存在的事实，但祈求奇迹发生。为了延长生命，有些病人可能会许愿或做善事，希望能扭转死亡的命运。这些阶段主要针对那些患急性疾病，到医院一检查发现已经是晚期的人。基本上病人原本不知道，且从来没想过自己会得病的状况，一切都是突如其来的，所以他们一定会经历这几个时期。我们要转移病人对死亡的思维，调整其痛苦心理；及时地引导，积极地安排他们的生活；尽可能满足他们的要求，让他们充实地度过生命的最后时刻。

第四，忧郁期。病人发现自己无法阻止死亡来临，于是产生强烈的失落、悲伤情绪，会出现退缩、沉默、哭泣甚至自杀等行为。这个时候要帮助病人剖析死亡，可以问病人“你怎么看待一个人的离开”，帮他们回顾一些正向的往事，使病人建立新的心理支柱。谈话的过程中，病人上上下下、反反复复、时而忧郁的心情可能会减少，之后可能又会重新冒出忧郁的念头。

第五，接受期。给予病人一个安静舒适的环境，减少外界的干扰，不要强迫病人交谈，始终要有人继续关心、支持病人，加强生活护理，让其安详平静地离开人间。

其实我们说的临终关怀，不只是针对突如其来地患上绝症的人，现在反而是没有人关心这些即将离开这个世界的老年人，我们对他们的照顾不够。这种“久病床前无孝子”的状态，实际上是大家也接受了老年人随时会走的现实，甚至有点类似于等着他走的感觉。

当老年人还活着的时候，我们要积极主动地和他们说话，关心他们，不剥夺他们作为社会人的权利。他们的生命就像一盏小油灯一样，不要轻易吹熄它，要好好地保护着，它还可以再燃烧一段时间，让寿命延续下去。

第三节　临终关怀是“伦理关怀”

桑德斯在提出“临终关怀”时说过，临终关怀有 4 个目的：①控制因疼痛或其他症状带来的痛苦；②考虑是否给患者做了不必要的检查、治疗，采用适当的关怀方法；③给每个患者全身心的关怀；④让患者接纳死亡。

临终关怀的本质不是“医疗救治”，而是“伦理关怀”。要关怀的不是临终者的“病”，而是临终者这个人本身。关怀的伦理会随着临终者所处的社会文化的不同而有所不同，因此，我国的临终关怀，也应当放在我国传统文化的背景下看待。

一、积极的死亡观

传统的死亡观让人们普遍忌讳谈论死亡，认为死亡是一个人的彻底毁灭，是一个沉重且不吉利的话题。临终者不愿意坦然接受死亡，也导致临终的生命品质得不到保障。

面对死亡的积极心态，在古代智者的著作中可窥探一二。《至乐》提道：

庄子妻死，惠子吊之，庄子则方箕踞鼓盆而歌。

惠子曰："与人居，长子老身，死不哭亦足矣，又鼓盆而歌，不亦甚乎！"

庄子曰："不然。是其始死也，我独何能无概然！察其始而本无生，非徒无生也而本无形，非徒无形而本无气。杂乎芒芴之间，变而有气，气变而有形，形变而有生，今又变而之死，是相与为春秋冬夏四时行也。人且偃然寝于巨室，而我嗷嗷然随而哭之，自以为不通乎命，故止也。"

庄子理解了，妻子去世只是她安静地回归到混沌的初始状态，回到天地万物的大自然间，如同秋去冬尽，等候春天重新来临。想通了之后，他开始鼓盆歌舞，这便是面对死亡的积极心态。

当然，庄子本身有非常高的思想境界，作为普通人可能难以企及。一般来说，人对死亡的态度会经历临终前的 5 个阶段，最终达到慢慢接受死亡的状态。面对死亡时，能够有自己的掌控感，对死亡抱有接受的心态，这是相对比较积极的死亡观。

一位学员分享了他外公面对死亡的积极态度。外公在 86 岁那年生病了，学员送他去医院住了两天，第二天他就自己拔针管，决定不住医院，马上回家。外公在当地是一个很有威望的人，回家之后外公就很自然地把邻居还有亲戚全部都叫过来了。他看起来很开心，和大家聊天，聊之前的一些事情，并交代一些后事。最后还跟这位学员的妈妈说，你可以去上班，我还没有那么快走。到了下午子辈孙辈都回来了，外公就说差不多了，可以准备了。

这是面对死亡最理想的状态，他真的知道自己的命运，对自己非常了解，能掌控自己的人生，已经活得很明白了。这就像《水浒传》中的鲁智深，他也是知道自己什么时候会走，然后穿完衣服就去坐化了。最后众多兄弟前来焚香拜礼，送走了他。

二、传统孝道与过度治疗

现代医学对临床治疗的过度倚重，导致人们对于文化和人性的少量关注，从而造成“过度的治疗行动”。在医院的临终病人常常会遇到的一个极端问题，就是过度治疗。生命的最后时刻，病人常常被动地接受这样那样的过度治疗，甚至可能是带有创伤性的虐待。

下面是一则关于“过度治疗”的故事分享：

我想起我抓住父亲的手，他的手像山泉一样凉，我命令弟弟说：“爸爸冷，快拿毯子。”现在才知道他其实并不冷，只是因为他身体循环的血液量锐减，皮肤才变得又湿又冷。而此时在他的感觉中，他的身体正在变轻。那时哪怕是一条丝巾，都会让他感觉到无法忍受的重压，更何况是一条毯子。我想起直到父亲咽气，医生才拔下连接在他身上所有的管和线，包括输气管、输液管、心电图仪。

我们觉得他几天几夜没有进食，于是总是试图让他吃一些东西，做完全徒劳的尝试。母亲清早送来现榨的西瓜汁，装在有刻度的婴儿奶瓶里，我们姐弟每天都在交流着，统计爸爸今天到底喝多少水。现在才知道他其实并不饥饿，那时候他已从病痛中解脱出来，天很蓝，水很清，树很绿，花很艳，鸟在鸣，就像绘画艺术中描述的那样。这时哪怕给病人输入一点点葡萄糖，都会抵消这种异常的欣快感，都是在他美丽归途上横出的刀枪棍棒。

父亲平日是个沉默寡言的人，却在处于虚妄状态的时候忽然变得喋喋不休，满口的家乡话。我担心他离我而去，我想喊住他，但他丝毫不理会。现在才知道那个时刻他与外界的交流少了，心灵深处的活动却异常活跃，也许青春童趣的好戏在一幕一幕地上演。我不该无端地打断，将他拖回沉重的现实，我应该做的只是静静地守住他，千万不要走开。临终者昏迷再深也会有片刻的清醒，这大概就是民间传说的回光返照，这时候他必要找他最牵挂的人。

我还记得父亲此生表达的最后一个愿望是拔去他鼻子上的吸氧管。可是我们两个不孝子违背了他的意愿，我和弟弟一人一边按住他的手，直到他的手彻底软了。现在才知道对于临终者最大的仁慈和人道，是避免不适当的、创伤性的治疗。不分青红皂白地不惜一切代价的抢救，是多么的愚蠢和残忍。

父亲走了，医生下了定论，护士过来做了最后的处理。一旁的病人和家属说，儿子女儿都在，快哭，快喊几声。可不知为什么，我竟然一点也哭不出来，弟弟也沉默，到现在我才知道临终者的听觉是他最后一个会消失的感觉。爸爸没有听到我们的哭泣，不知道他是高兴还是难过。

所有的误解都源于我们和临终者已经无法沟通，我们至亲的亲人已经无法讲出他的心愿和需求，我们只好一意孤行。而本来只需要一点点起码的医学常识，事情并不复杂。生和死都是自然现象，只是我现在才知道自然竟然把生命最后的时光安排得这样有人情味，这样合理且自然而然，是人自作聪明地横加干涉，死亡的过程才变得痛苦。

一天上午同事看到这篇文章后哭了，他告诉我，他看到这里想起了他母亲临终的情景。他说就像上文描述的那样，他觉得母亲凉，就给她盖上了厚厚的被子，觉得母亲几天没有进食，就不停地给她输液。他回想起母亲说想回家，可他坚持让她住在医院，他自认为尽了孝心，可是没想到人总是要死的，带着轻松美丽的心情踏进另一个世界，一定会走得更好。现在他读到了这篇文章，如果有可能，他会要求他的孩子照此办理，让他的灵魂做最后的自由飞翔。

学员分享1：

读到那段两姐弟一人一边按住父亲要拔下管子的手的那一刻，真是觉得有时候我们在做这些老年人心理服务工作，出发点不是尊重老年人，而是很自私地从我们自己所谓的道德、孝道的角度出发去对待生命的。如果我不这么按住父亲的手，别人会说我不孝，会觉得我怎么可以在父亲没有理智的状态下，去做一些干预。我们对于孝道的理解，要重新站在一个更高的、尊重生命的高度。

学员分享2：

我外公在医院治疗到最后，他身上的血管已经没有地方可以再扎针了，这样的治疗其实对他来说是很痛苦的。有时候过度治疗是无意的，并不是家属为了面子才这么做，而是真的以为不断地治疗对他是有益的，但其实是不自觉地造成了伤害。

韦志中点评：

中国传统的孝道以及对待死亡的观念，还在深深影响着临终关怀的实施。孝道的实施，集中于病、老、死之际。

在我国的传统观念中，如果子女不给予临终老年病人足够的救治，就会被认为是“不孝”。放弃对病人的积极治疗，无论是情感上还是道德上，都难以被病人家属接受。一方面家属往往难以接受病人的离世，另一方面家属可能遭受着被社会大众谴责的舆论压力。

于是很多处在病情末期的老年病人，他们全身的器官大多都已经处在衰竭状态，但还是依靠呼吸机等高科技仪器和药物等维持呼吸心跳。然而这一切并不能让他们病愈，仅仅是延长了死亡的过程。

如果没有机会让临终病人痊愈，花费大笔金钱只为了让病人活着，那就没有任何意义。临终老年病人的亲人应重点考虑，他们所爱的人在生命的最后几天或几小时的生活质量，比起只是让他活着更为重要。

这个故事是一个真实的表达案例，现在已经有许多对于人在临终时状态的研究，对那些曾经处于濒死状态，后来又活过来的人进行了若干例的统计、调查和回访。也许这一章节不能让我们学到所有的临终关怀的知识，但至少在方向上，我们找到了对生命的尊重，这会让我们的内心变得更加柔软。

三、临终者的权利：自主性和知情权

1. 选择与行动的自主性

人具有自主性，生命伦理学中的自主性原则主要是指“自主选择”和“自主行动”。自主选择是根据自己所处的具体情境，做出自己想要的选择。尊重一个人的自主性，意味着承认他人有权选择自己的行动，有权按照自己的信仰和价值观行动。

然而当人到了医院时，他们往往很难拥有自己的自主性。一旦住院，生活起居各方面都受到医院规矩的束缚，大多数病人在没有医学知识的情况下，只能听从医生的要求配合各种检查和治疗。

临终病人是临终关怀的主体，尊重他们的意愿是首要的原则。医护人员和家属应该多和临终病人沟通，他们有权选择自己想要怎样去治疗，想要在哪里去世。这些都牵涉临终病人对自己病情的自主权。

2. 对病情的知情权

学员分享：

我的外公在 2007 年患了癌症，做了手术之后有一段时间恢复了，然后在 2008 年年初又复发了，医生说癌细胞已经扩散了。当时去检查的时候，我妈跟我说家里的人其实看得到检查结果是什么，可是他们选择了隐瞒外公。这是一种欺骗，但他们觉得这是对外公好，然后他们就回家了。

后来，外公的情况越来越糟糕，甚至在摔了一跤之后，他说有一天做梦梦到自己好了起来，梦到朋友们都来了，还去了国外旅游。其实家里人那个时候都知道情况，他们还是没有敢说实话，还是说会好的。到后面实在是瞒不住了，外公说要去医院，他其实对自己的身体状况很清楚。他跟我妈说，想不到他身边最亲近、最信赖的人都会骗他。我妈当时也非常难过，可是他们还是继续这样。

外公说他以后去世了不想要回水乡，感觉有些阴森，想要找一个干爽的地方埋葬。家里人也就口头说好，不要再说这些了。等到大家觉得外公差不多要交代后事的时候，他的身体已经不行了，舌头跟嘴巴已经没法灵活地活动。所以其实他最后要跟我们说的话，身边的人都没有听清楚是什么。

如果多一些临终关怀科普的内容，让我们真的知道怎样能够做得更好一些，我们也就少一些遗憾。这件事情给我很深刻的感触，我不想要别人隐瞒和欺骗我，尽管生病是一个很残酷的现实，但是起码检查出来之后可以有几个月的时间让我去完成一些未尽的心愿。

韦志中点评：

为了避免病人不能承受疾病带来的心理打击，家属往往会选择隐瞒病人真实的病情。而医护人员往往也会顺应这种“孝道”的“善意”，只把病情告诉家属，而对病人避重就轻，这就使病人不知实情。这样就给开展临终关怀造成障碍，医护人员无意中还违反了“告诉患者事实”的伦理原则，损害了患者获得病情消息的权利。

四、丧亲者需要表达哀伤

丧亲安抚是临终关怀的延续，临终关怀的伦理不仅涉及如何照顾临终者，也涉及照顾丧亲者的情绪。让丧亲者表达自己对逝者的哀伤，就是在帮助他们表达人性中最深刻的爱。

如果一个老年人去世了，跟他有关的人，包括他的儿子、孙子、外甥等，这些人一定都是有话想要对老年人说的。但是现在没两天就把老年人拉去埋葬，儿孙们都忙着举办葬礼，招待亲朋好友，也没有时间好好地守灵。在这样短的时间内，我们心理上本需要跟老年人做的告别，就没有办法好好地完成。

现在我们的许多行为，都是在剥夺亲人对老年人去世时的情感表达，这是对人性很大的伤害。比如说，一个奶奶去世了，她的孙子正在海外留学，这个孙子小时候就是爷爷奶奶带大的。结果他的妈妈不理解，打个电话说儿子你不要回来了，你的学业重要，甚至可能根本就没有告诉儿子。直到孙子过年回来，才发现奶奶去世了。

我们有权利不让这个孙子表达他对奶奶的爱吗？现在都是考试最大、上学最大，但是老年人去世了，还能送第二回吗？这个孙子可能一辈子都会有遗憾，他心中的悲伤没有机会得到表达，甚至可能还会引发生理障碍和心理障碍。

为什么现在会有那么多哀伤创伤的患者？因为他们的情绪没有得到表达，没有文化仪式，也没有做心理上的调适。几年前我在一个城市的殡仪馆，给他们出过一个计划。针对去世的人的家属，为他们提供一个家庭式的心理咨询服务，由心理社工入场，这些家属可以自愿选择是否接受服务。这个临终关怀的服务意义重大，因为很多人在亲人去世之后，甚至都不知道怎么调节情绪，他们不知道怎么表达哀伤。

哀伤期的表现，如有些人的家属已经去世，但是一到吃饭时间，还是会给这位逝者盛饭、添碗筷，在他们心里还并没有接受逝者的离去。在病人去世前留意他们亲友的情绪及其举动，注意了解他们在哀伤期的需要，这些关怀及帮助往往可以减轻他们失去至亲的哀伤，并有助于建立一种信任的关系。

帮助哀伤者最有效的办法是和他们保持一种真诚的关系，让他们有说话的机会，使那些哀伤者经历哀伤过程，重新振作，而不是用一种消极的方法帮助他们暂时忘却。

第四节　临终关怀助人工作者

一、临终关怀助人工作者的职业倦怠

以殡葬行业的职工为例，殡仪馆里面的工作人员，他们一天到晚都在面对死亡。2014 年，民政部对全国 10 个省份的 21 个市县殡仪服务机构开展殡葬职工心理健康状况调查，发现殡葬职工整体心理健康状况严重低于全国整体平均水平，各项心理问题所占比例均显著偏高。

心理问题反映在工作方面，是对工作缺乏主动性、积极性和创新性，对丧亲者缺乏主动积极的态度和关爱。殡葬从业者往往是不被关注的，过去一直面临着社会歧视偏见的压力，直到近几年随着社会对死亡观念的慢慢转变，社会对殡葬职业的认同度才慢慢提高。

临终助人者不仅是殡葬行业的职工，也包括医院、社区做老年人服务的工作者。一位学员分享她在社区里面的社工工作经历。她负责为老年人们服务，有时会去拜访老年人。她经常遇到一种状况，一些前些天还参加活动的老年人，突然之间就去世了，而且整个社区里可能一年会有好几位老年人离世，这种状况让她感觉到非常心酸。

这位学员在做老年人服务时，突然间就面对生命的无常、生命的凋谢，她意识到我们无法去改变一些注定会发生的事情，像是终将会凋谢的生命和离别。于是她和督导说，她的心理压力很大，她认为她的心理状态也是需要危机干预的。

由此现况可以看出，临终关怀的工作者也面临着作为专业人士的职业倦怠问题。此处的专业人士是指与老年人服务相关的助人工作者，如心理咨询师、做老年人服务的社工、医院和临终关怀医院的医生、护士等。

职业倦怠作为一个术语，用来专指服务性行业中的个体在面对过度工作需求时，产生的身体和情绪的极度疲劳状态。

职业倦怠者通常具有以下几个特征：①身体和情绪耗竭；②社会失调行为，尤其是对工作对象的疏离；③心理损害，尤其是指向自我的强烈消极情绪；④组织无效能感。凡是和人打交道的工作，人们都有可能对此产生职业倦怠，在不知不觉中变得冷漠、淡漠、隔离。

职业倦怠是我们对工作的麻木和无能为力。这种倦怠感一旦产生，就降低了人的职业幸福感和工作效率。本来工作者在做这项服务时，是为了给别人带来温暖，也让自己感到幸福的。但出现职业倦怠后，工作者难以再给他人带来温暖，自己工作的时候也会感到痛苦，无法享受工作的快乐。

对受助者的过度投入或过度排斥，都可能会加强工作者的职业倦怠程度。工作者出现职业倦怠的第一种情况是情绪隔离。情绪隔离是为了自我保护，不对受助者付出感情，也就意味着受助者的问题跟自己没有关系，工作者就不会受到伤害。但是相应地，感受到隔离之后，工作者就无法好好给予受助者帮助，也无法享受到职业的快乐和成就感。第二种情况是过度共情，工作者过度投入受助者的状况中，跟着受助者一起哭，一起感到疲惫，最后愤世嫉俗或是感到习得性无助，没有帮助到受助者。

做老年人服务的工作者，我们应该给予他们支持、干预和帮助，这也是心理学工作者要做的一个工作。

二、职业倦怠的应对方法

1. 认识压力的规律

从职业倦怠的角度来说，工作压力有一个科学的变化过程和变化规律。在社会心理学的理论中，动机（压力）强度与活动效率两者并不呈现正性的线性关系，两者的关系曲线呈现倒 U 型，动机强度过高或者过低，均会导致活动效率下降。

职业倦怠就是当压力大过一个水平之后，工作效率开始降低。工作者会感到自己一整天都在想事情要怎么做，但最终却什么也没做成。另外，以助人工作者的情绪和社交能力来说，工作者可能会感觉到自己跟人交流时没有以前那么轻松，性格没有以前那么开朗，也没有那么容易对别人好，很容易出现发怒、脾气暴躁等状况。

比如我们做心理咨询，每个星期不能接待超过特定时长的创伤案例，作为社会工作者，你一个月要与多少老年人交谈？当你面对其中某个老年人去世的时候，你心里会产生什么感觉？社会工作者经常需要共情受助者的痛苦、悲惨和不幸，如果这些负面情绪使社会工作者的内在经验发生转变，将会严重危害社会工作者的心理健康。如果社会工作者的心理不够健康，那么在情感碰撞的过程中，社会工作者很有可能会被受助者带来的消极情绪感染，久而久之也会形成职业倦怠。

2. 认识投射性认同

投射性认同原本是精神分析的词语，也可以拿这个概念来解释工作者与老年人沟通过程中的职业倦怠问题。以一个人的手机被偷为例，现在这个人怀疑是周围其中一个人偷了他的手机，理论上所有人都是被怀疑的对象。于是这个人站在街上骂偷手机的人，这样的行为已经是投射。

而当周围的人接收到了投射，他们会有这样几种处理方式。第一种是知道自己没有偷，认为这件事情跟自己没有关系。第二种是开始感受到情绪，站出来指责为什么这个人站在自己家门口喊，是怀疑自己吗？于是这个人又把自己的情绪投射回去，“不是你偷的话，你为什么要站出来？”如此一来，一个投射的循环就完成了。

第二种处理方式叫投射性认同。投射性认同是一个过程，一个人把自己认为的或是感受到的情感（存在于 A 身上）投射到另一个人（B）身上，B 接收这个信息后，在某种压力下真的会变成 A 认为的那样，A 在 B 身上发现 B 证实了他的投射，进一步认同自己最早投射的内容是真实存在的。别人认为你不好，你就接受了别人的不认同。被别人负面投射得多了，就会不由得把这些投射接受成为自己的一部分。当工作者一直遇到有各种心理问题、难以信任别人的人，一直被投射，他便容易产生职业倦怠。

做老年人心理服务工作，有的话往往要说很多遍，不耐其烦地和老年人沟通。你可能会有一种不耐烦的心态，或他们就在跟你找碴的感觉。“怎么我说那么多遍都听不懂？怎么可能不懂？”久而久之，工作者会增加自己内心的无力感，将老年人听不懂的表现内化为负面的自我评价。其实老年人可能是真的不懂，但我们不了解，也就会因此加强自己的习得无助感。

从中我们可以得到一些启示。第一，我们对老年人的心理关怀，需要让所有和老年人相关联的人更加理解老年人，懂得他们的心理。

第二，助人工作者需要有健全的人格，了解自己的工作性质和角色定位，能够区分来访者的问题是来访者本身的问题，他们的各种抱怨、发泄，甚至攻击性话语并不是针对工作者个人，而是来访者需要一个情绪出口。这不是情绪隔离，而是工作者对来访者表示关切、共情，但是不会把来访者的不良情绪压在自己身上。这需要经历一段自我调节的历程。

第三，一定时间内接案的数量要有限制，而不是来多少个来访者就接待多少个。助人关系不能往前走得太深，助人工作者既不能完全与来访者绝缘，也不能够完全内化来访者的情绪和情感，得保证关系在一定的界限内。

3. 个人能力的成长

作为工作者，若是想要有出路，还想继续做这一份工作，那么就要挑战自己，挑战自己的最高发展区域和抗压能力，包括适当地处理自己的情绪。这既是一个困难，也是一个机遇。人在这个过程中会去不断地超越自我的抗压能力与面对外界压力的应对能力，也会在这个过程中变得成熟，越来越优秀。

当然，不能光是一味地这样鼓励人成长，也得提倡工作者在压力过大时借助外界环境调节自己的身体状态，要有一个心理支持系统。比如，讲一讲自己的近况，倾诉一下自己遇到的问题，宣泄一下情绪，做点体验活动。同时，也可以有一些自己的兴趣爱好，还自己去结交一些谈得来的朋友，去跟他们交流，这些都是能够调节压力的常规方式。

4. 机构的合理安排和支持系统

应对职业倦怠，不仅需要工作者对职业倦怠的规律有清晰的认识，并不断寻求个人成长和提升抗压能力，还需要有来自外部环境，也就是工作机构的支持。第一，服务单位要认识到，技术、模式都不是最重要的，工作需要有人做，所以人才是第一位的。第二，服务单位要根据员工的心理承受能力和职业绩效来合理安排工作量。第三，服务单位对员工要有一定的陪伴和倾听，对员工进行心理上的关怀和帮助。当给别人支持的时候，道理、方法都不是最重要的，最重要的是“我就在你身边”。

社会工作者的社会支持以及督导支持，是预防和缓解社会工作者职业倦怠的重要因素。但目前的现状是，很多机构的一线工作者普遍反映机构没有较好的督导，工作时得不到来自机构的系统支持，遇到问题需要协助或是在情感上需要关怀时，机构根本无法解决工作者的问题。

因此，机构内部需要有一个小组机制，让工作者可以相互之间谈论自己工作过程中的感受，谈论的过程中要有督导指导，让工作者可以表达和宣泄。机构可以定时召开工作分享会，鼓励工作者互相分享工作成果与困难，交流工作经验，促进成员间的共同成长。

第五节　死亡焦虑及其应对方式

面对老年人的死亡焦虑，我们所做的工作都属于临终关怀。把“临终”二字去掉，这个关怀，就是在老年人衰老到即将离开世界的这一段时间内做的工作，我们要把关怀这个概念的时间拉长。

这类似于我们对青少年的生命教育。不仅仅是上一堂生命教育的课，而是从他出生到他长成一个人，我们对他进行的所有跟生命相关的，跟自爱、自尊、生命热情相关的教育，都是属于生命教育的一部分。

一、老年人的死亡焦虑

什么是死亡焦虑呢？死亡焦虑是指人对即将到来的死亡这一事实产生恐惧、焦虑、不安等复杂的、有意识或无意识的心理反应。死亡，往往会成为一个老年人心理问题和精神问题调适的核心主题。

我们从出生开始就要面对一个问题，就是死亡。当不愿意直面死亡时，人们往往会用压抑、否认等防御机制来逃避。这是一种掩耳盗铃的心态，假装自己看不见死亡的靠近，所以可以暂时不感到害怕。直到死亡的那一天到来时，才发现自己心理上其实还是很恐惧的。

对死亡的恐惧，也源自对死亡充满了未知，人们不确定自己会如何死亡，在什么时候死亡，也不知道死后的世界是怎样的。简而言之，人们缺乏对死亡的掌控感。因此，有些自尊心比较强的老年人，心里可能会有一个愿望，到了差不多年纪的时候就可以赶快去世，而不是躺在病床上看别人的脸色。这样的想法让他们对于自己的死亡有一种掌控感。

我们在做老年人心理服务工作时，得想象老年人对死亡的恐惧感，就像是冰块扔到水里，它会慢慢地融化。老年人面对自己总有一天要死亡的体验，死亡焦虑就像冰块的体验一样，他感受到自己的存在感正在一点一点地被稀释。他会害怕自己消失，会感到孤独、感到无力。

二、确认自己的价值感

老年人最害怕的事情就是突然地去世，什么都没有留下，但是如果能够让他们感受到自己活过的存在感，以及自己活了一生是有意义的，那就能够正面回应他们所担心的问题。研究表明，减少人生的遗憾，感受到自己人生的意义，可以减缓老年人的死亡焦虑。因此，我们要帮助老年人确认自身存在的意义。

确认存在的意义的方式有很多。我们可以和老年人聊一聊他们一生的成就和意义。以学者为例，他们确认自己活过的方式就是将著作和学问流传下来，保持精神上的不朽。比如说三国时期的王弼，他 23 岁时就去世了。但是他写了四本书，其中两本是解读《老子》，另外两本是解读《周易》。没有一个研究《老子》和《周易》的人可以跳过他的著作，做相关的研究就必须看他的解释。这就是学者的活，通过自己的学问在历史上留名。

父母往往会把孩子看成是自己生命的延续。我们还可以多和老年人讲一讲儿孙的事情，儿孙的成长和成就也会提升老年人的自豪感和满足感。同时，儿孙也可以帮助老年人化解过去生活中未尽事宜带来的遗憾，让老年人知道大家会善待他，让他好好地离开。

三、对老年人的爱与陪伴

第一，我们要满足老年人的安全感和掌控感的心理需求，并在社会性方面维持老年人与他人的交往。我们不能让老年人觉得自己被抛弃，要帮他们形成一种我们在他们身边、对他们不离不弃的心理体验。死亡的焦虑会让老年人意识到人际连接的重要性，亲情等人际连接对于安抚老年人的死亡焦虑也非常重要。

在老年人还活着时，好好照顾他们就是一种不离不弃。像是前面提到的学员在正月十五主动带着婆婆去公庙，婆婆就非常感动，她就能带着一种温暖的心理度过这个寒冷的早春。

学员分享：

有一年我哥哥被我外公骂了，因为我哥哥忙于工作，已经好几年没回家了，因此外公生气地打电话叫着我哥哥的名字说："你是不是要等到我死了你才回来。"其实我外公是最疼我哥哥的，那个时候他这么说，是出于对哥哥的想念。这也反映了老年人其实在内心里是非常渴望获得陪伴的，陪伴在老年人身边，是对他们最后的一种关怀。我们对老年人的这一份爱和照顾，哪怕需要付出一些精力，但最终是为了我们自己的人生更完美，使我们的人生更和谐。

韦志中点评：

人生当中有三次原始的成长机会，第一次是爸爸妈妈生你之后对你的教育、对你的抚养、对你的爱。第二次是你抚养孩子的时候，你还可以重温童年，把孩子当成自我的一部分去爱护他，你又有了第二次成长。第三次就是我们再去做孩子，去爱护、照顾我们的父母的时候，我们又像孩子一样，又一次获得了成长。第一次成长是自己把握不了的，第二次、第三次都是可以把握的。这三次机会就是天伦之乐，很多人都没有认识到这一点，享受不到这种快乐，这是当今社会的人的悲哀。

四、宗教与死亡

人们自古以来就对死亡存在很深的敬畏、困惑，甚至是恐惧，这种复杂的情绪有时会通过宗教的方式表达出来。

从新疆往里海去时经过的草原上面，有许多的石头人。这些石头人跨越的历史时间很长久，隔不远就会有一个，从新疆到里海，一直都有，延伸到欧洲大陆，过去有非常多不同的种族在此生存过。一开始人类学家、考古学家去研究，发现解不开这个谜底。后来人们才发现，凡是有这么一个石头人的地方就有一个墓穴，墓穴的主人在自己死去之后，用石头人来代替自己。

为什么人死后要用石头人去代替自己呢？因为他们认为，人死后，肉体会腐烂，没有办法永久存留，但是精神还在，石头人就是为逝者的灵魂找到一个得以存续的身体。做这个石头人的意义就是给人们解释，人死之后灵魂还停留在这里，不会逝去。一旦有了这样一个解释，人就不会那么害怕死亡。

众多不同的宗教信仰都融入了大量关于生命、死亡以及追寻生命的意义，实现个人终极关怀的内容。例如佛教，信仰佛教的人，相信因果，所以信仰佛教的临终患者及其家属，对死亡也较为看得开，认为死亡是这一轮生命的结束，同时也是下一轮生命的开始，因此他们在悲痛之余也能更淡然地接受自己或亲人的逝去。

许多不同的宗教中都涉及人们面对死亡议题。人之所以会怕死，是因为没有把生前的日子活好，是因为心有遗憾，想要弥补却已来不及，这其中就包含死亡之后会到哪里去的问题。如今，大多数宗教已经一改过去“遁世避俗”“蛰居隐修”等不食人间烟火的传统，开始面向社会、面向现实，参与世俗活动，强调现实关怀。宗教中有与死亡相关的信仰与仪式，其中也都融入了大量情感、规范等价值观念。

五、“唯心主义”的文化治疗

所谓文化治疗指的是运用哲学、文化艺术等非药物、非物理治疗的方式，对人的心理问题甚至于精神疾病进行引导、缓和平复、净化抚慰的心理治疗方法。在中国，许多老年人遇到事情时会去寺庙求神拜佛，这当然不能真正解决问题，产生实际效用，但可以在一定程度上对老年人的心理产生安抚作用。

一位学员分享了一个案例。她的奶奶将近 80 岁，患有高血压、糖尿病等疾病，于是她就大年初一去求签。解签的那个人跟她说，你不用想太多，你只要吃得好睡得好，多出去运动就没事了。奶奶听了之后很不相信，她觉得这些话她自己也会说。她还是对自己的健康感到十分焦虑，家人也不知道要怎么和她沟通才能够使得她安心一些。

我们能从中领悟到什么呢？应该给出什么建议呢？怎么样让这位老人相信她的身体没有自己想象中那么坏呢？从心理的角度来看，奶奶多疑，感到孤独，这实际上就是一个死亡焦虑的问题。人们害怕死亡是非常正常的，但我们不能让他们总是这么被动地恐惧死亡的到来，要让他们等也等得开心一点，这就是人本层面上的关怀。

通常按照心理咨询的做法，咨询师会正面谈论死亡问题，这对刚产生死亡意识的老年人来说是有些残酷的，这时迂回地表明这种情况会是一个更为温和的选择。但是不能向上文中解签的那个人一样，跟奶奶说她没事，因为奶奶是不会相信的。而要讲她相信的事情，把她心里想的事情说出来，再在这个基础上跟她沟通，理解她的不安，帮她缓解内心的焦虑。

什么叫理解？首先，当事人体验到的是他们的内在真实。就像婆婆和媳妇吵架，婆婆说媳妇打她了，媳妇说根本没有。这样一来你根本看不清什么是真相，因为谁也不在现场。实际上可能就是媳妇给了婆婆一种感觉，她要打我，或者是媳妇动了一下，婆婆就觉得自己挨打了。

打或没打并不重要了，反正婆婆认为自己挨了打。所以得按照婆婆挨打的“事实”去跟她沟通，而不能老是跟她证明她没挨打，然后在这个基础上引导她看清现实情况，逐步缓和内心的暴躁情绪。我们的目的是为了跟他人共情，所以得按照他的体验去走。以存在主义现象学来讲，存在于精神世界里面的，就是真实的。

因此，用“唯心主义”的方法有时候反而能够解决人内在精神世界的问题。

这里有一个案例是，一位女性在怀孕期间流产，她大受打击，因此精神失常，被送进了精神病院，但不管是吃药还是打镇静剂，任何治疗和控制的手段都解决不了她的问题。这时候有人问她：“你的小孩去哪里啦？”她回答：“小孩被人杀了，现在不知道去了哪里。”于是咨询师就给她做了一个文化仪式，让她问问去世的祖先家人，有没有见到她的小孩。见到之后，请她交代祖先帮忙照料孩子。

后来这位女性的精神状态慢慢变好了，因为在她的内心里，她的小孩有了出路，她担忧的问题消失了，这就是文化治疗。

宗教仪式也好，民俗仪式也好，人去世之后要做的一系列送葬仪式也好，都是为了给人一个对生命去处的解释，让人们能够更坦然地去接受死亡，去理解生命，去更好地生活。

不管是“唯心主义”的文化治疗或者宗教层面面对死亡的议题，这些议题的研究方向似可商榷，研究的根本还是想寻找应对死亡焦虑的方式，寻求精神引导，情绪的平复，抚慰焦虑的心理，达到有尊严的死亡这一议题。

第六节　死亡仪式的意义

一、死亡的仪式感

我们做老年人的临终关怀，需要先了解人类社会应对死亡的方式。无论是在欧亚大陆平原上面用于解释死亡的石头人，还是我们民间送葬的一些仪式，这些都是人们应对死亡的方法。无论是哪种殡葬仪式，都体现了我们文化中对于死亡的独特仪式感。

“头七”是我国一种丧殡习俗。从死者卒日算起，丧家每隔七天就要举行一次烧纸祭奠，共有 7 次，一共 49 天，俗谓“烧七”。这是一个中原地区普遍大同小异的仪式，尽管每个地方会有一些变化。

为了进一步寄托哀思，逢年过节都要祭祀。为什么会有一些丧殡习俗和祭祀？这一切的背后就是文化仪式。

二、入殓：日本的死亡仪式

日本有一部电影叫《入殓师》，其中的男主人公大悟是一名入殓师，他也是误打误撞进入了这个行业。日本现在依然保留着很多传统的丧葬习俗。电影中为逝者化妆，使其恢复生前风采的入殓即是其中的一种习俗。日本人自古将死亡视为一种“回归”，人生是由“今生”到“来世”的旅程。

一开始，当大悟发现自己的工作是要帮助逝者入殓，即穿衣打扮、化妆、送行的时候，他的心里非常矛盾，但是在工作的过程中，他慢慢发自内心地热爱上了这份行业。原本妻子并不支持他的工作，甚至离家出走。有一天，他收到妻子怀孕的消息，同时收到了父亲的死讯。本来大悟并不愿意去看望爸爸，因为他爸爸是在他小时候把他妈妈和他抛弃了的负心男人，他恨他爸爸，心里早就没这个爸爸了。

但后来他还是被妻子劝过去了。他来到一个小岛上，进门一看地上躺着一个人，躺在席子上，上面盖着一块白布，旁边有一个木头箱子，能看出他父亲穷困潦倒的样子。后来进来了两个人，轻描淡写地一边闲聊，一边就把他父亲的席子卷起来准备离开。大悟在这一瞬间，无意识地把这两个人叫住，他说："让我来吧。"

看到大悟学了这么久的入殓技术，在那一刻用在了他父亲身上，我的眼泪"哗"地流了下来了。我们从心理学来看，他前面所有做的工作都是为了在这一刻给自己的父亲送葬，或许这就是他的潜意识。死亡并不是结束，而是新生命孕育的开始。

大悟为父亲入殓时，老年人手里紧紧攥着的小石头一下子击碎了 30 年来大悟对父亲的积怨。他想到父亲多年来孤身一人在外漂泊，带着对儿子的深深悔意和默默牵挂孤老终身，这让大悟不禁流下眼泪。他将父亲手中的石头放在怀孕的妻子的腹部，这象征着生命的轮回以及爱的传递。

三、仪式让临终者面对死亡

有一部电影叫《落叶归根》，在里面有一个打工仔，他的工友跟他一起喝酒的时候死了，老板就给这个工友赔了 5000 块钱。他讲义气，要把这个工友送回老家去，哪怕路途遥远，于是他背着尸体就上路了。他走到路上的时候，碰到了有处人家在发丧，他因为饿了，就把尸体放在田里面，跑去混饭吃。这个时候他发现一个神奇的现象，就是这家人里其实没有老人去世，反而是主人花钱雇了很多的丧礼队，来帮他假装哭丧。这个人在没死前就先给自己办了一场送别仪式。因为他无儿无女，怕死时冷清，想先热闹一下。

就像电影《非诚勿扰 2》中，李香山身患绝症，他为了有尊严地死去，事先为自己办了一场丧事，称其为人生告别会。

妻子过世，女儿嫁人，他对未来产生未知的恐惧感，于是办生前告别仪式，释放这种恐惧感。而文化学者解读，这种行为是受到了我们传统文化的影响，是自己在生前做的一个面对死亡的练习。

这样的做法类似于心理治疗中的系统脱敏法。这是一种针对个人特定恐惧症的行为治疗方法，其目的是为了缓和或减轻个人面对恐惧刺激时的强烈焦虑反应。系统脱敏法被证明在治疗恐惧症、焦虑以及大量心理障碍方面效果显著。例如，一个孩子对考试感到焦虑，就可以给他布置一个虚拟的考场，让他卸掉多余的恐惧感。这就叫作脱敏。

对死亡的恐惧，也可以用这种方式，通过提前举办死亡仪式，来模拟直接面对死亡的过程，使来访者暴露在焦虑的情境之下。在这个过程中，来访者要学会放松，学会面对。从行为主义的角度来说这也是一种行为疗法，以此来去除人对死亡的恐惧感。从社会学的角度来说，过去有许多的人用这种文化仪式来面对死亡，通过仪式感，看见来参加“丧礼”的人哭得多么伤心，体验一回自己被送葬的感觉，这就完成了一次心理仪式。

相传，王阳明曾被谪贬至贵州龙场。在龙场这既安静又困难的环境里，王阳明结合历年来的遭遇，日夜反省。在他心里最难过的时候，他做了个石棺，每天晚上睡在石棺里。一天半夜里，他忽然有了顿悟，认为心是感应万事万物的根本，由此提出“心即理”的命题。认识到“圣人之道，吾性自足，向之求理于事物者误也”。

这就是著名的“龙场悟道”，王阳明躺在石棺里，领悟到了人生的真谛。这个就是古往今来都有人用的方法，以死的视角来看待生，可以说这是一种领悟疗法，也可以说这是文化疗法的文化仪式。

四、仪式为丧亲者提供情感慰藉

老年人的心理关怀，不仅仅是关怀老年人，还有与之关联的亲朋好友，尤其在死亡和丧别的时候，人在面对亲人的离世时，否认与逃避通常是噩耗来临的第一反应。农村传统的丧葬礼俗，通过停尸、报丧、入殓、吊丧、出殡等一系列仪式化的程序，通过整理逝者的遗物、焚烧他的衣物等习俗，丧亲者不断体验逝者已去的实际，在心理上与逝者产生分离。现代社会提倡丧事从简，文明办丧，丧葬仪式为丧亲者提供表达哀伤的渠道，表达送别逝者的情感。

这些文化仪式，最终还是为了让活着的丧亲者得以调适心理。能够帮助丧亲者和逝者继续维持情感联结，为其提供精神上的慰藉，也有助于丧亲者重拾对未来生活的信心。

五、仪式有助于生命教育

生命教育有两类主要问题，就是生离和死别。生离的问题，如一个儿童小时候与妈妈分离，妈妈出去打工了，这个留守儿童哭着追妈妈。这个画面在儿童长大之后，可能会成为他心里的创伤，这种心理创伤是因为分离造成的。两夫妻分居、离婚，这也是一种分离，是需要心理干预的，但是现在我们很少重视这件事，离婚后就想马上放下；甚至不给自己审视内心伤痛的时间。

同样，人们对待死亡的态度也是如此，人去世之后最好都不要再提起。如果老年人看到的都是别人死去的情形，他可能会更加怕死。我们都要成为老年人，我们就更加怕死，在潜意识就种下了怕死的心理因子。为什么生命教育这么重要？生命教育应该不只针对儿童青少年，而要贯穿人的一生，让人对生命的热爱有始有终。

我们应该正视葬礼，而不是避讳它，我们需要看看别人是怎么送别的，这样我们才能更真切地体会死亡的意义，才会好好地活。

老年人并不仅仅关心子辈在他活着的时候会如何孝敬他，他会特别注意别人是怎么对待死亡的，其他的老年人去世之后，他们的儿孙会如何对待这位老年人。老年人对于死亡是非常敏感的，每听到一个周围人去世的消息，对他们而言都是非常大的心理冲击。

一位学员分享，他的爷爷刚去世不久，在葬礼中，一大半参加的人都是跟他爷爷关系比较密切的，所以实际上谈论最多的是老人家。因为他的爷爷各方面的品行在当地比较受认可，所以有非常多子孙和朋友来送行。这些老人家会谈论他爷爷的品格，平常做过的好事，然后评论儿孙们的行为表现。

从上述故事可以看出，仪式的重要性在于传承，别人看在眼里，也确实会产生很大的社会心理的安全感。殡葬是“慎终追远”的开始，慎终意味着细心对待人的一生，让死者没有遗憾；追远则是通过礼仪引导丧亲者的心理历程，让他们进入祖先崇拜，也进入文化教育的传承，增加死亡对后世的正面意义。

这些仪式，一方面是为了寄托自己对于已逝亲人的不舍与怀念，另一方面也是为了做给后人看。做给后人看是有意义的，因为人总有一天会变老，总是会害怕死亡，因此他们会通过他人在亲人去世后的表现产生对待生命的认知。这是一种文化心理的满足，也是社会心理的稳定。

人类学家定义人和动物的区别就是文化，文化的意思就是约定俗成的价值观和仪式。我们对待死亡的这些态度和行为，会影响全社会对待生命的态度，对待死亡的态度，最终使我们产生一种对死亡合理的接受心理。

由此，也使得活着的人更加认识到，好好活着才是根本，生离死别很正常，珍惜当下，珍惜眼前人，热爱生活，热爱生命，在实现社会价值中完善自我，成就更大的生命意义。